うれしい
セーター

三國万里子

はじめに

これは少し変わった編みものの本です。
デザインするわたしと、着てくれる人とのやり取りから生まれたセーターの本。

①まずわたしが、セーターを編んで差し上げたい方（セーター主と仮に呼びます）に
　お手紙を書きます。
　「セーターを編ませてください。あるいはカーディガンでも、ベストでも。
　　よかったら小物もつけます。どんなのがいいですか」というような。

②編集チームが手紙を携えて、セーター主にお話を伺いに行きます。
　お話は録音されます。

③録音を聴きます。
　聴いて、考えます。
　要望をできるだけ取り入れながら、着た姿のイメージがしっくりくる、
　つまり似合うと思えるデザインにたどり着くまで考えます。
　この条件を採ったらあれは捨てざるをえない、
　ということもあるけれど、そこは自分の裁量で決めます。
　編み始めたら、あとは完成させます。
　途中でセーター主にあれこれ確認することはありません。

④セーターを送ります。
　　合わせる服を考えていただき、撮影します。
　　セーターは「編み図」を完成させるため一度お預かりして、後日お渡しします。
　　これでセーターはめでたく主のものとなります。

どんなものができてくるか、
届くまで分からないので「オーダーメイド」とは違いますね。
どちらかというと、「セーター作り遊び」を、
作る人ともらう人が一緒になってやる、というようなことです。

それぞれのセーター主のページの最初に
どんなリクエストがあったのかが書いてあります。
うまく行ったでしょうか。
皆さんならば、これらの言葉をヒントに、どう作るでしょうか。
そんなことも想像して楽しんでいただけたらと思います。

編みものの本なので、もちろん編み図も付いています。
気に入ったらぜひ編んでみてくださいね。

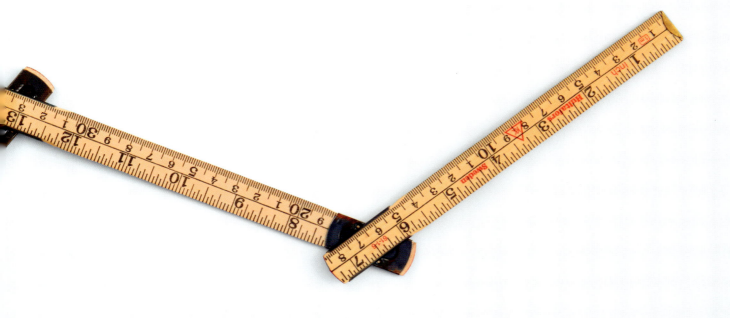

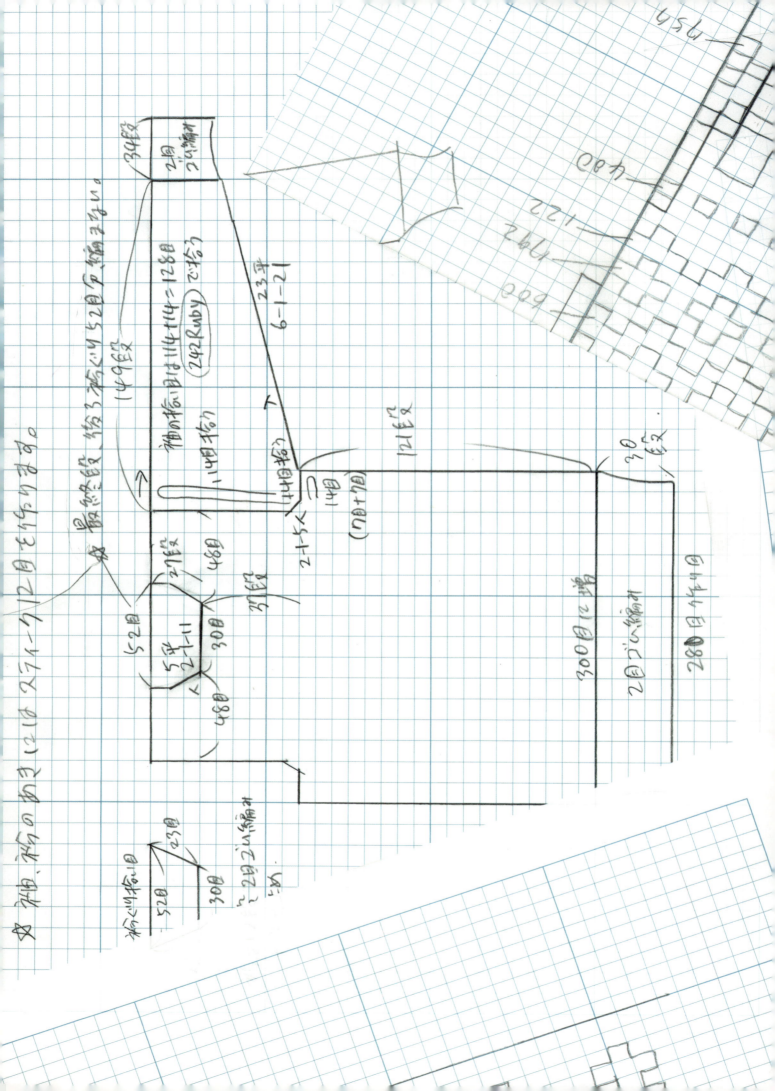

Contents

はじめに　　4

宮沢りえ ─────── 9
編み図　18

　　Essay　人に編むということ　　20

星野　源 ─────── 21
編み図　30

　　Essay　手芸部員　　32

ミロコマチコ ─────── 33
編み図　42

小林　薫 ─────── 45
編み図　54

　　Essay　着ることがおもしろくなるといい　　58

桐島かれん ─────── 59
編み図　68

　　Essay　早く編むことについて　　74

谷川俊太郎 ─────── 75
編み図　84

　　Essay　いもうと　　86

平松洋子 ─────── 87
編み図　96

　　Essay　夫　　100

片桐　仁 ─────── 101
編み図　110

二階堂和美 ─────── 113
編み図　122

石川直樹 ─────── 127
編み図　136

　　Essay　編みものと養生　　142

平　武朗 ─────── 143
編み図　152

塩川いづみ ─────── 159
編み図　168

　　Essay　祖母　　170

棒針編みの基礎　171

おわりに　187

No.	Name
1	宮沢りえ

Her requests

- ポンチョが好きで、よく身につけている。
  冬はもちろん、夏でも海外など、とくにアジアのレストランは
  冷房が強くて寒いので、ぱっとかぶれるポンチョは便利。
  いま持っているものとは別に、もう1枚、
  ポンチョを編んでほしい。

- 夏にも使いたいから、軽くてほどよくあたたかいカシミヤで。

- ターコイズブルーの鮮やかなポンチョを持っているので、
  もう1枚は黒がいい。

- かたちは四角で。

- 大きさは、かぶったときに端が腿の真ん中にくるくらい。

- かぶるとき髪にあまり触れないよう、首まわりを少し広めに。

- よく見ると個性のある柄だとうれしい。

Profile

宮沢りえ　Miyazawa Rie

女優。東京都出身。1987年、CM「三井のリハウス」でデビュー。翌年、映画『ぼくらの七日間戦争』で映画デビュー。以後、ドラマ・舞台を中心に活躍を続ける。映画『たそがれ清兵衛』、『華の愛　遊園驚夢』、『花よりもなほ』、『紙の月』など出演作多数。舞台『透明人間の蒸気』、『人形の家』、『おのれナポレオン』、『火のようにさみしい姉がいて』、『ビニールの城』など出演作多数。

本書の撮影現場で描かれたイラスト。

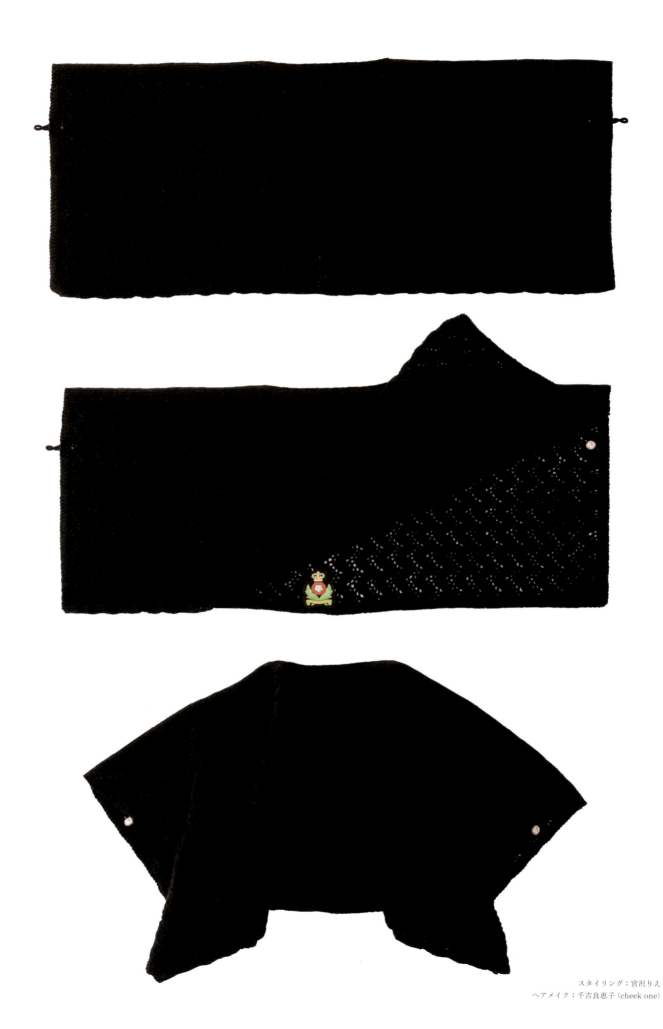

スタイリング：宮沢りえ
ヘアメイク：千吉良恵子 (cheek one)

No.	Sweater Name	
1	羽衣	

Commentary

宮沢りえさんへのお手紙に、よかったらご一緒に編みものをしませんか、と書いたら、
「機会があったらやりたいと思っていたので、ぜひ」、とお返事がありました。
そこである休日に、糸井事務所の一室で2時間ばかり編みもの教室をすることにしました。
ほとんど編んだことがないとおっしゃっていたので、作り目から始めて、
表目、裏目、もし行けたら2目ゴム編みまで、というコース。
こう書くと簡単ですが、実際2時間でゴム編みができるようになる人は、あまりいません。
針を握り、糸も持ち、やったことのない動きでそれらを順番通りに操作する、それも表目と裏目では
全く違う動きをする、ゴム編みの時は糸を手前にやったり向こうにやったり、という動きも加わる。
普通は裏目に進んだあたりで頭が酸欠になり、ぼーっとしてため息が出て、時間が来て、
また今度に希望をつなぐことになります。
ところがりえさん、予定の時間の終わり頃には、おもておもて、うらうら、とつぶやきながら
しっかりと2目ゴム編みを編んでいたのです。
それも、途中で遊びに来て、目の前でずっと冗談を言っている糸井重里さんを時々いなしながら。
すごい、りえさん。
目の前にあるものをつかむ、移っていく刻々にしっかりと居る、でも居つかずに動き続ける、
そういう集中を見て、教えるこちら側が学ばせていただきました。

りえさんからのニットのリクエストは、「黒のカシミヤのポンチョ」。
四角くて、すっぽりかぶれる大判のポンチョは、りえさんの冬と夏の必需品なのだそうです。
「夏もですか？」と聞き返すと、薄着で冷房の効いたところにいることが多いから、とのこと。
ディテールについては、かぶった時に頭が引っかからずにすっと通る、広めのかぶり口がいい、
ということくらいで、あとはお任せいただきました。

カシミヤの大判のポンチョとは。腕が鳴ります、ときめきます。

軽みを出すためにレース地にしよう、と、まず思いました。
それも複数の模様を目で追うような込み入ったものよりも、
もっとシンプルで、着た時の動きを引き立てる柄がいい。
そう考えて選んだのは、Traveling Vine（うねる蔦）という名前の、小さな繰り返し模様。
光がレースの穴から透けると、まるであぶくが立ちのぼっていくみたいに見えます。
あとはこの模様をひたすらまっすぐに編んでいくのですが、
肩に当たる部分は強度を出すためにガーター地に切り替えます。
両端にボタンループとボタンを留めつけて完成。
カシミヤは、素材自体が持つ気配が濃いというか、ニットになった後も生き物みたいです。

撮影のスタジオに、これを着たりえさんが現れた時のことを、どう言えばいいのか。
言えないから、書きません。写真をご覧ください。この世のものではないみたいに美しいですよね。

撮影が済んで、りえさんにポンチョの感想を伺いました。
「人の手が入り続けたものって本当に、機械が作ったものとは違うんだな、っていう。
　力があるな、と感じました。
　いま、世の中にものが溢れていて、でもわたしは大量に作られているものは
　なるべく買わないようにしているのだけれど、
　そういうわたしの考え方を励ましてもらっているように感じました」
また、
「このポンチョ、包まれている感じがします。着てるっていうより、まとうという感じ。」とも。

名前は「羽衣」、理由は「天女が着るものだから」です。

17

| 宮沢りえさんのポンチョ | 「羽衣」の編み図 |

毛糸……リッチモア　カシミヤ（20g玉巻・合太）　黒（115）680g
用具……12号80cm輪針（輪針で往復に編みます）　7号玉なし2本棒針　3/0号、6/0号かぎ針
ゲージ……模様編み　17.5目×23段が10cm四方
ボタン……直径2cmを2個
サイズ……丈55.5cm　ゆき丈64cm

編み方

糸はポンチョは2本どり、ボタンループと衿ぐりの引き抜き編みは1本どりで編みます。

◎前・後ろ

12号針で228目作り目し、前裾から編み始めます。図のように模様を配置して増減なく編みます。前の最終段は、衿あきの56目を伏せ止めにします。後ろを編む前に6/0号針で鎖編みを56目編んでおきます。後ろの1段めは、鎖の裏山に棒針を入れて拾い目しながら編みます。前と同様に増減なく編み、編み終わりは伏せ止めにします。

◎まとめ

7号針でボタンループを2本編みます。脇にボタンループとボタンをとめつけます。衿ぐりのガーター編みの最終段の2段下の裏に、3/0号針で引き抜き編みを1周編みつけます（伸び止め）。

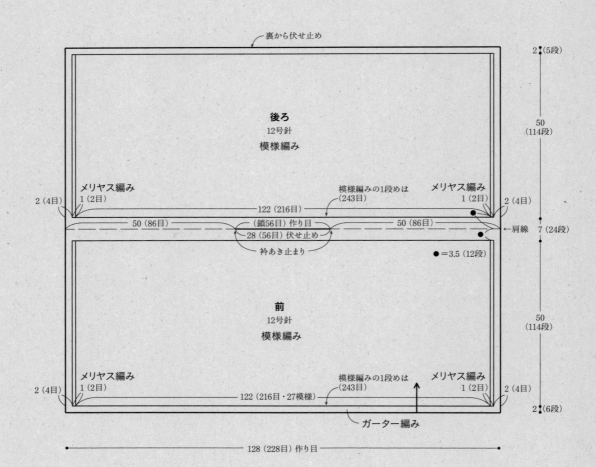

前の編み方

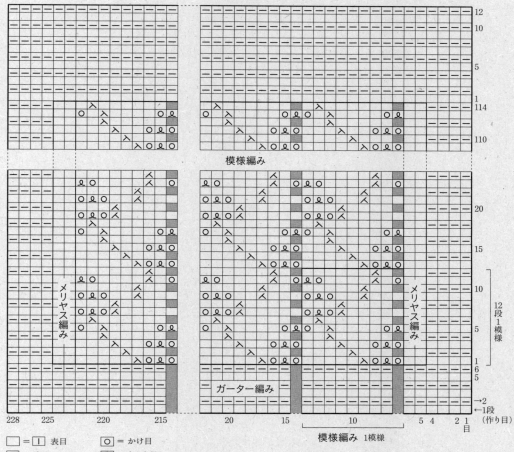

- □ = | 表目
- — = 裏目
- ○ = かけ目
- ℚ = ねじり目
- ▨ = 目のないところ
- 入 = 右上2目一度…裏から編む段は、目の向きを入れ替えずに右上2目一度(裏目)をする
- 人 = 左上2目一度

まとめ

引き抜き編み
3/0号針

※ガーター編みの2段下の裏側に引き抜き編みを1周編みつける

前(裏)にボタンをつける

後ろ(裏)にボタンループをとめつける

前

ボタンループ 2本
メリヤス編み
7号針

ボタンループの編み方(Iコード)

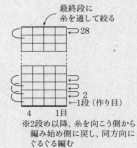

最終段に糸を通して絞る

※2段め以降、糸を向こう側から編み始め側に戻し、同方向にぐるぐる編む

ボタンループを二つ折りにして縫い絞り、後ろにとめつける

Essay

人に編むということ　サイズ直しについても少し

セーターって、そもそも家庭内で、お母さんの手加減で「適宜に」
作られてきたものだと思います。
わたしの母はそれほど熱心に編みものをする人ではないですが、
それでも小学4年生の時、えんじ色のアランセーターを妹とおそろいで編んでくれました。
婦人雑誌の付録の「家族のセーター集」のようなものを参考にしながら、
この子は頭が大きいから襟首の開きは広めにしよう、とか、
すぐ背が伸びるから丈は編み図より5センチくらい長めにしておこう、とか加減しつつ、
わたしと妹を立たせては編み地を当てて、うんうん考えながら作っていた姿を覚えています。

みなさんが製図やパターンを特に勉強したことがないとして、
この本の編み図を、着る人に合わせてサイズ変更する時にも、
「それ式」でやっていただけたらと思います。
作り方図に、身幅や袖丈の記述がありますから、
まずはひとわたりチェックしてみてください。
と言っても数字だけ見てもよくわからないので、
メジャーと、参考になるセーターを一枚持ち出してきてください。
これから編んであげる人が、気持ちよく着られて、素敵に見える、
その人のお気に入りのセーターがいいです。
今度はそのセーターを測ります。
編み図に記された寸法と比べてどれくらい大きいか、また小さいかを調べ、
ふんふん、と思ってください。

さてここから、編む人は「デザイナー」になります。
トライするセーターのデザインの特性をうまく生かしながら、
自分の欲しいサイズに当てはめていく。
つまり自分で考えてデザインし直す作業に入ります。

1　最初にざっとサイズの予想を立ててメモします。
2　実際に使う糸と針でゲージをとります。
3　ゲージを元に必要な目数を計算します。

うんとシンプルに言うと、これがサイズ直しの計画。
多少気力が要るので、頭が冴えている時に取り掛かるといいです。

・増し目や減らし目のカーブは、方眼紙を使うとイメージしやすいと思います。
・計算は各所で必要ですが、小学校の算数の知識があれば十分なので、
　落ち着いて、臆することなくトライしてください。
・編みながらも、まめに立ち止まって、自分の仕事をチェックしてください。
・「参考セーター」に編みかけの編み地を当てて比べてみるのは、
　イメージをつかむのに大いに助けになります。

わたしの場合、最初の計画通りに進むことは稀で、
編んでは見直し、を繰り返して進んでいきます。
うまくいってないなと思ったら、ほどくのもまた楽し、です。
でも自分自身のことを思い返すと、初めてセーターを編んでから数年は、
編み図の通りに編むので精一杯でした。
早く完成させたくて、やっつけ仕事もしましたよ。
今は、適当なものを作ると後悔するということがわかっているので、
おお？と思ったら、サクサクほどきます。
「あの時ほどいてよかった……」ということばかりです。

No.	Name
2	星野 源

His requests

- 服は、「鎧（よろい）」だと思う。
  例えば仕事場に向かうとき、気に入った服は、
  その道すがらを含めて
  目的地に向かう自分を強化してくれる。
  それを着ると、少しの勇気と安心をもらえる。
  「結局またこれを着ているな」という「鎧」には、
  いつもシンプルでプレーンな色柄を選んでいる。

- ステージ・舞台で様々な服を着ることが多いので、
  その意味でもふだんは落ち着いたものが多い。
  セーターも、無地で一色のものが好み。
  すごく普通だけど、気が利いている感じだとなおいい。

- どこかに自分だけが知っている、
  ちょっとした仕掛けがあるとたのしい。

- ぴたっとした着心地よりは、
  どちらかというと、だぼっとしているほうが好き。

- 袖も襟も、ゆったりめで。だらしないくらいがいい。

- ダーク目の色。黒、紺、グレーなどが好み。

Profile

星野 源　Hoshino Gen

音楽家、俳優、文筆家。1981年、埼玉県生まれ。2010年、1stソロアルバム『ばかのうた』を発表。2015年に発表の4thアルバム『YELLOW DANCER』がオリコン1位の大ヒットを記録。第66回NHK紅白歌合戦に出場を果たす。俳優として、映画『箱入り息子の恋』、『地獄でなぜ悪い』などに出演し、多くの映画賞を受賞する。作家としては、『蘇える変態』、『働く男』、『そして生活はつづく』などを刊行。多岐に渡り活躍中。

ライブやスタジオで、
よく使っている
ギター・ピック。

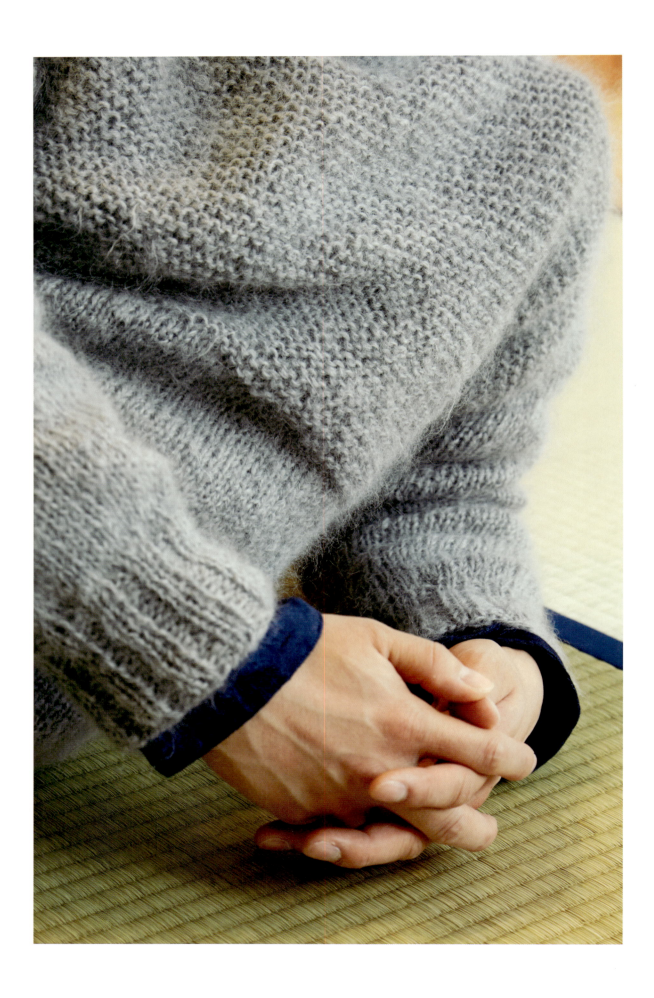

スタイリング：TEPPEI
ヘアメイク：高草木剛
着用アイテム：
pants ¥28,000 DISCOVERED (DISCOVERED Co.,Ltd.)
その他 スタイリスト私物
読者問い合わせ先：
DISCOVERED Co.,Ltd.　tel.03-3463-3082　渋谷区恵比寿西1-33-3 光雲閣404

No.	Sweater Name	
2		Gen

Commentary

とてもうれしかったのが「モヘアは好きですよ」のひとことでした。
星野さん、すごーくモヘアが似合いそう。

モヘアで、ローゲージのセーターを編もう。
ガンジーっぽく、胸から上に裏目で柄を入れて。
モヘアの毛足の分、柄が見えにくいから、単純な模様がいい。
表目と裏目だけでできる一番シンプルな模様は、ガーターだね。
……おお？
ガーターのガンジー、いい。
あまり見ないし、それをモヘアでやるのは、すごくおもしろいかも。

だぼっとしていてだらしない、というのを大真面目にやってみたい。
袖を引っ張ったら胸の部分がずるっと伸びちゃった、というのはどうだろう。
身頃の袖つけ線で増し目をしていって、肩も引き返しをすれば、
なんかそういう形になるんじゃないかな。ふにゃふにゃの鎧だ。

そして出来上がったセーターを着ていただいての撮影。
なぜこんなに星野さんが大笑いしているかというと、
突然部屋に入ってきた糸井重里さんと、寸劇のような展開になったからです。
おかげであやうくセーターの感想を聞くのを忘れるところでした。

三國　　　「セーター、いかがでしょう」
星野さん　「すてきです。これはどのくらいで編めるんですか？」
三國　　　「ええと、そうですね、2週間くらいでしたか」
星野さん　「2週間で。へえーー、すごいですね」
三國　　　「実際に着てみて、いかがですか？」
星野さん　「むちゃくちゃ着心地いいです」
三國　　　「よかった。わりと軽くないですか？」
星野さん　「軽いです。重たい感じがまったくなくて」
三國　　　「これ、普段も着てくださいます？」
星野さん　「もちろんです。着ます。のちのち、もらえるんですよね？」
三國　　　「はい、編み図を完成させるためにしばらくお待たせしますが」
星野さん　「ああ、うれしいです」

わたしの方こそ、うれしいです。
そう言っていただいて、ほっとしたー。

このセーターを編み始めるタイミングで、
たまたま入った古着屋で「Gene」と刺繍されたタグを発見。
む、これは……げんに、なる！？
というわけで、最後の一文字を消して、
セーターの名前は「Gen」に決まりました。

| 星野源さんのセーター | 「Gen」の編み図 |

毛糸……DARUMA　ウールモヘヤ（20g玉巻・極太）　グレー（6）309g
用具……12号2本、10号4本棒針
ゲージ……メリヤス編み　15.5目×20段、ガーター編み　15.5目×28段が10cm四方
サイズ……胸囲108cm　着丈61.5cm　ゆき丈75cm

編み方

糸は1本どりで編みます。

◎後ろ・前

10号針で72目作り目し、2目ゴム編みを編みます。12号針に替え、1段めで83目に増してメリヤス編みを増減なく編みます。ガーター編みを図のように巻き目で増しながら編みます。衿ぐりは中央を休み目にし、左右を減らしながら編みます。肩は引き返し編みで編み、編み終わりは休み目にします。肩を中表にして引き抜きはぎにします。

◎袖

前後から拾い目し、メリヤス編みで編みます。両端で減らしながら編みます。袖口は1段めで42目に減らして2目ゴム編みを編み、編み終わりは前段と同じ記号で伏せ止めにします。

◎まとめ

衿ぐりから拾い目し、2目ゴム編みを輪に編みます。編み終わりは前段と同じ記号で伏せ止めにします。脇と袖下をすくいとじにします。

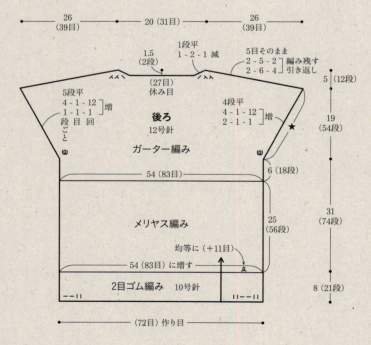

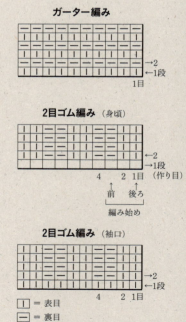

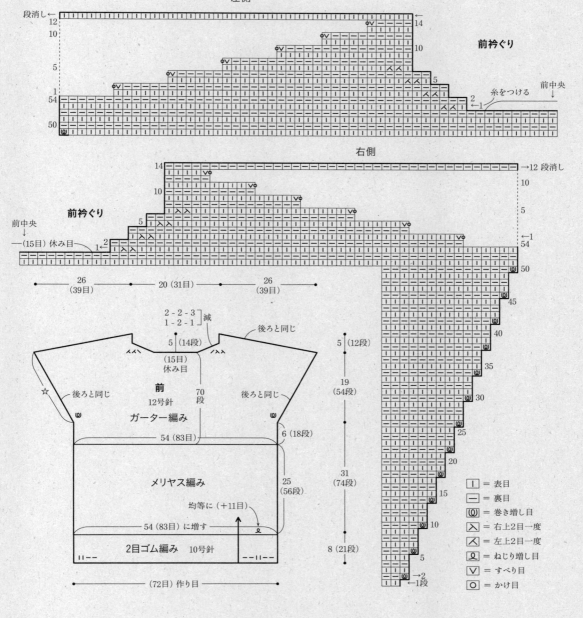
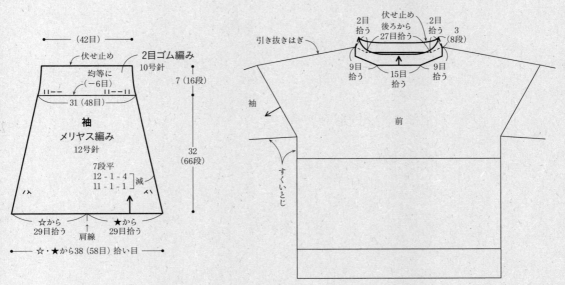

Essay

手芸部員

人の紹介を得て、大学卒業後、古着屋で働き始めました。
店の方針で、どんどんお客さんに服を勧めないといけないのですが、
まったくそれができません。
「お客さんが自発的に着たいと思うのを着ればいいじゃない、
　わたしが何か言うのはおせっかいだ」
と心の中で思っているので、セールストークが口から出てこないのです。
なんとも情けない日々でした。
見かねた店長が、
「作ることが好きなら、店の飾りになるものを作ってよ。喫茶店でも行ってさ」
と言ってくれました。
心底ほっとして、池袋の「キンカ堂」に行って色とりの綺麗な輸入糸を買い込み、
店の近くにあった「ベローチェ」の窓際の席に陣取って、
ひと月ほどの間、朝から晩まで店の入口にかける「すだれ」を編みました。
それは、今思ってもなかなかの出来だったのですが、
やはり、永遠に「すだれ」を編み続けるわけにはいきません。
結局はそこで大して役に立てずに、半年ほど勤めて辞めました。

それから職をいくつか変えて、ほどなく結婚し、子供を授かって専業主婦になりました。
職業用の足踏みミシンを嫁入り道具に持ってきていたので、
時間ができるとひたすら服を縫いました。
海外の子供用のニット本を買ってきて、息子のセーターをそくそくと編みました。
革と目打ちと麻の糸を買い込んで、鞄も縫いました。
中学の手芸部員だった頃に逆戻りしたみたいでした。

20代が終わる頃、妹が勤めるレストランで、
少し作ったものを売ってみることにしました。
準備期間を2ヶ月と設定して、その時間で何ができるか考え、
比較的簡単にできて実用的な雑貨を作ることにしました。
布の小物や革のポシェットがその時の主力商品だったのですが、
ふと思いついて、余り毛糸で編み込みのミトンもひとつ作って入れました。

全部できてから、「こんなものかな？」というくらいの適当さで値段をつけました。
息子にまだ手がかかり、店番のために家を空けられなかったので、妹にそれを託すと、
面倒見のいい妹は、レジの前に品物を並べ、お客さんの応対をしてくれました。
どきどきしながら家で報告を待ちました。
なにも手につかず、うわのそらの一日が終わる頃電話が鳴り、
「どんどん買われていったよ」と。
まずほっとしました。それから感謝の気持ちが湧き上がってきました。
妹は「ミトンが特に人気があって、欲しい人が結構いたよ」、と付け加えました。
ミトンかー、と思いました。
これ、いっぱい作るとしたら、相当大変だ。
でも、大変だってことは、その分、やる人があんまりいないってことかもね。
……編んだものだけでお店をやってみようか。

こういうわけで、作ることは何でも好きな手芸部員は、
ミトンから始めて帽子、マフラー、チョッキにセーター、と
編んで編んで、喜ばれてまた編んで、だんだん調子に乗り、
ついには編みもの専業で行くことになった、というわけです。

No.	Name
3	ミロコマチコ

Her requests

- 展覧会のためヘルシンキに行ったとき、
  3週間滞在していたアパートの周辺に、
  カオジロガンという鳥が山のように群れていた。
  その様子がおもしろくて、とてもきれいだったので、
  この鳥をモチーフにしてほしい。

- 着ると首がかゆくなるため、
  ちいさな頃からセーターは断念していた。
  ところが最近、えり付きのシャツを下に着て
  毛が首に触れないようにすれば大丈夫なことに気付く。
  セーターを着るのが新鮮でうれしい初心者なので、
  カーディガンやベストではなく、ぜひセーターを。

- せっかくの機会だから少し不思議なかたちでも。

Profile

ミロコマチコ　mirocomachico

画家・絵本作家。大阪府生まれ。2004年から画家として活動を開始。2012年『オオカミがとぶひ』（イースト・プレス）で絵本作家デビュー。同作で第18回日本絵本賞大賞を受賞。自らが飼っていた猫を描いた絵本『てつぞうはね』（ブロンズ新社）で第45回講談社出版文化賞絵本賞。2015年、絵本『オレときいろ』（WAVE出版）でブラティスラヴァ世界絵本原画ビエンナーレ（BIB）金のりんご賞を受賞。2016年春より、『コレナンデ商会』（NHK Eテレ）のアートディレクターとして参加。

このリクエストのために描かれた、カオジロガンの絵手紙。

スタイリング：ミロコマチコ
協力：ボウ（猫）

No.	Sweater Name	
3	カオジロガン カオジロガン（アルビノ）	

Commentary

「動物のようなセーター」にするとしたら、どんな生き物がいいですか、と
ミロコさんへの手紙に書いたらば、すばらしい「絵手紙」が返ってきました。
描いてあるのは黒い首と白い顔の鳥。
体は黒、白、グレー、薄茶の模様。
横目でこっちを見ている様子が、怪しげでナイス。
このおもしろい鳥、わたしは初めて見たのですが、「カオジロガン」というそうです。
ミロコさんが夏に滞在したフィンランドで、公園などによくいた渡り鳥なのだと。
「ヘルシンキで最も仲良くしてくれた鳥です。たくさん群れています。
　とても美しくて、こんなの着れたらさぞ幸せだろうと想像しています」
と文章が添えられています。
いいですね、編みましょう、カオジロガンセーター。

鳥の体の柄を編み込みで忠実に再現する、という方法もあるけれど、
今回は糸のテクスチャーとパターンで生き物っぽさを出してみようと思いました。
そうすることで、人が着てセーターと一体となった時に、
鳥らしいシルエットになるんじゃないかと。

編むとぬいぐるみの表面のようになる、毛足の長いファンシーヤーンを
部分的に使うことにしました。
ベースはウールのストレートヤーン。
この二種類の糸を合わせて使うことで、素材と形のコントラストがおもしろい効果を生むはずです。

・まず前身頃はストレートヤーンで編み、すべすべしたおなかにします。
・袖と後ろ身頃は、カオジロガンの翼の段々模様を出すために2種類の糸で編みます。
・後ろのリブは前より長めにして、尾羽にします。
・ヨークをかなり下の方から始めることによって、鳥のなだらかな肩から胸までの線を出します。
・カオジロガンの特徴と言える白い顔は、あえてセーターに含みません。着る人の顔で代用。

最初に真っ白の「アルビノ」を作り、次に黒とグレーで普通のカオジロガンを作りました。
なぜ二種類作ったのかというと、それは、わたしがふたつとも見たかったから。
白も、黒×グレーも、どちらもすごくいいものになる予感がして、作らずにいられなかったからです。

さてミロコさん、どうでしょう、すごく似合ってませんか？
合わせたパンツのシルエットと相まって、まさに鳥ではないでしょうか。
チクチクするのが苦手、とおっしゃっていたので
「襟元とか手首とかかゆくないですか、大丈夫ですか」と伺ったら、
「それが、全然平気です」とのこと。よかったよかった。
「普段着るものについては割と保守的です、とおっしゃっていましたが、
　これは着られそうですか？」とお訊きすると、
「面白い形なのに奇抜じゃなくて、これなら喜んで着たいです。
　わたし、冬になったらこれ着て向こうに行こうと思います。カオジロガンになって」と。
冬のフィンランドにすごく似合いそうです、ミロコ鳥。

| ミロコマチコさんのセーター | 「カオジロガン　カオジロガン（アルビノ）」の編み図 |

＊黒＝カオジロガン　白＝カオジロガン（アルビノ）　指定以外は共通

毛糸……DARUMA
　　　黒：メリノスタイル　極太（40g玉巻・極太）　黒（310）325g、フェイクファー（約15m・超極太）
　　　　　グレー（1）約35m
　　　白：メリノスタイル　極太　白（301）325g、ミンクタッチファー（約15m・超極太）　白（1）約42m
用具……12号、10号4本棒針
ゲージ……メリヤス編み　17.5目×24.5段、2目ゴム編み　20目×30段、
　　　模様編み（縞）A　17.5目×18段、模様編み（縞）B　18.5目×22段が10cm四方
　　　※ゲージはスチームアイロンを当てて伸ばした後の寸法です。
サイズ……胸囲90cm　着丈（後ろ）58cm　ゆき丈59cm

編み方

糸は1本どりで編みます。

◎後ろ・前
別鎖の作り目をして編み始めます。12号針で後ろは模様編み（縞）Aを増減なく編みます。前はメリヤス編みを編み、中央を休み目にして左右に分けて引き返し編みで編みます。段消しは左右続けて編みます。編み終わりは休み目にします。裾は10号針で別鎖の作り目から拾い目し、1段で76目に減らして2目ゴム編みを編みます。編み終わりは2目ゴム編み止めにします。

◎袖
別鎖の作り目をして編み始めます。12号針で模様編み（縞）Bを図のように巻き目で増しながら編みます。袖口は10号針で別鎖の作り目から拾い目し、1段で42目に減らして2目ゴム編みを編みます。編み終わりは2目ゴム編み止めにします。同じものを2枚編みます。

◎ヨーク・衿ぐり
ヨークは12号針で身頃と袖から拾い目します。メリヤス編みで図のように減らしながら輪に編みます。衿ぐりは10号針に替えて、2目ゴム編みを輪に編みます。編み終わりは2目ゴム編み止めにします。

◎まとめ
身頃と袖の5目をメリヤスはぎで合わせます。身頃はつけ止まりまですくいとじにします。袖下をすくいとじにします。仕上げに裏面からスチームアイロンを当てて、編み地を伸ばします。

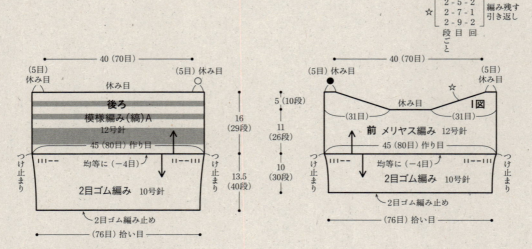

※指定以外はメリノスタイル 極太で編む
※合印同士（●・○）はメリヤスはぎ

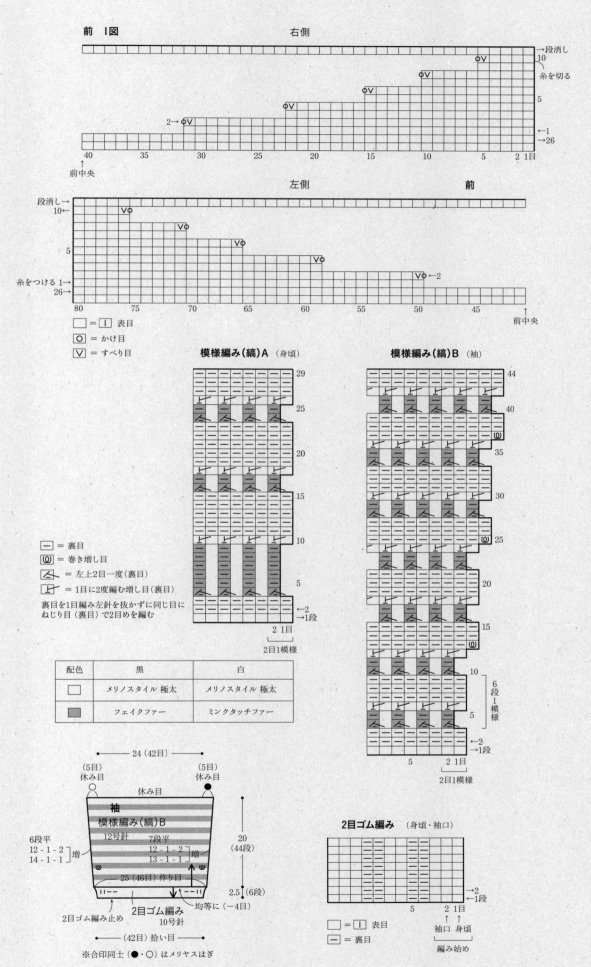

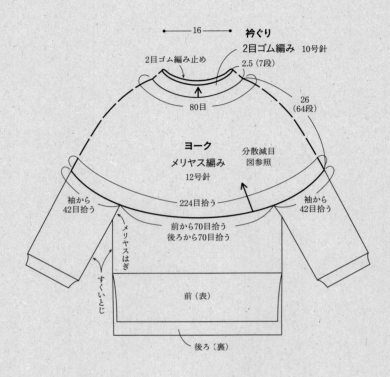

ヨークの分散減目

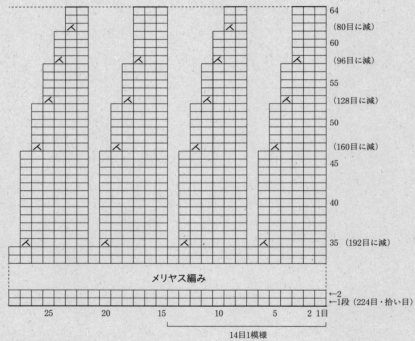

☐ = ① 表目
― = 裏目
⋏ = 左上2目一度

2目ゴム編み (衿ぐり)

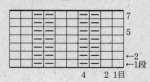

No.	Name
4	小林 薫

His requests

- 上等すぎてくつろげないセーターよりは、着たまま寝転がれる、気軽なものがいい。 ☑

- どかんと寝転がって干し草がついても気にならない、農夫の仕事着にもなるようなイメージ。 ☑

- めんどくさがり屋なので、すっぽり頭からかぶるよりは前開きのほうが便利 ☐

- ハイネックは、部屋があたたかいと汗をかいてしまう。丸首がいい。 ☑

- 手編みだったら、一筋縄ではいかない色柄を期待。よく見ると複雑に色が展開しているとか。単純じゃないのがいい。 ☑

- 全体的なイメージとしては、シックなものが好み。 ☑

- シックな雰囲気でも、重すぎるセーターは気になる。背負わされているような気分になってしまう。重そうに見えて実は軽い、そういう意外性があるとおもしろい。 ☑

Profile

小林 薫 Kobayashi Kaoru

1951年9月4日、京都府出身。71年〜80年まで、唐十郎主宰の劇団「状況劇場」に在籍。『それから』『天皇の料理番』『舟を編む』など出演作多数。2016年11月5日からは『続・深夜食堂』が公開。映画『海賊とよばれた男』(2016年12月10日)、『キセキ ―あの日のソビト―』(2017年春)ドラマではNHK大河ドラマ「おんな城主 直虎」(2017年)など。

手巻きのシガレットを愛煙。
好みの銘柄は「アメリカンスピリット」。

スタイリング：小林薫
ヘアメイク：樫山敦（BARBER BOYS）
協力：A to Z cafe
P49の人物：著者

No.	Sweater Name	
4		soil

Commentary

「予想していたよりも、繊細というか。
あまり着ないタイプだから、どうかなあと思ったんだけど、
着てみたらうちの人が『いいじゃない』って言うから、じゃあそうかなって。
自分は着るものについては女の人のいうことを信用するんだ、自分がどう思うかよりも」
撮影の後、小林さんがおっしゃいました。

僭越ながら、わたしにとっては思い描いた通り、
すごーく似合っていらっしゃいます。
着たところを拝見して、小躍りしてしまったくらい。

干し草がついても気にならない、
農夫の仕事着にもなるような気軽さがあって、
よく見ると複雑に色が展開していて、
全体的なイメージとしてはシックで、
重そうに見えて実は軽い。
というご希望をお聞きした時、これはフェアアイルしかない、と思いました。
前開きというご希望だけど、フェアアイルならば
カーディガンよりも丸首のセーターを編んで差し上げたいので、
ここは勝手をさせていただきました。

croftという小作地を耕しながら漁にも出る、
半農半漁のシェットランド諸島の人々が、
自分たちで編んで着ていたフェアアイルセーター。
細かい編み込みのおかげで繊細に見えますが、
着ているうちに繊維同士が絡まってフェルト化するので、
仕事着としても耐えうるタフさを持っています。
このセーターに使う島固有種の羊の毛は、糸にした時空気を含んで軽く、
編み込みで二重に糸が渡っても、意外なほど地厚になりません。
見た目よりも軽い、という小林さんのリクエストにも応えられるはずです。

あとは、色です。
小林さんと、シェットランドの土地と、干し草ということばを思い浮かべているうちに、
土のイメージで作れたらいいんじゃないかな、と思えてきました。
秋で、晴れていて、一息ついた畑の脇の水たまりに空が映ってるような、穏やかな土地の景色。

・セーターの名前はsoil（土）です。

| 小林薫さんのセーター | 「Soil」の編み図 |

毛糸……ジェイミソンズ　シェットランド　スピンドリフト（25g玉巻・中細）　※色と糸量は右ページにあります。
用具……2号、4号4本棒針　2号、4号80cm輪針
ゲージ……メリヤス編みの編み込み模様　28目×30段が10cm四方
サイズ……胸囲108cm　着丈68cm　背肩幅44.5cm　袖丈57.5cm

編み方

糸は1本どりで編みます。

◎**前後身頃**
2号針で280目作り目し、2目ゴム編みを輪に編みます。4号針に替え、1段めで300目に増し、メリヤス編みの編み込み模様Aを編みます。袖ぐりの▲と△を休め、脇のスティークを巻き目で作り目します（p.140-A参照）。袖ぐりを減らしながら編みます。前衿ぐりの30目を休め、衿ぐりのスティークを巻き目で作り目します（p.140-B参照）。衿ぐりを減らしながら肩まで編みます。衿ぐりのスティークを6目ずつに分けて伏せ止めにし、肩を中表にして脇のスティークも続けて引き抜きはぎにします。後ろ衿ぐりの52目は編まずに休めます。
p.57へ続く

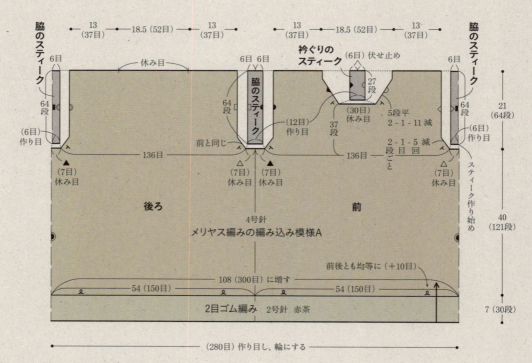

※袖の編み方は57ページにあります

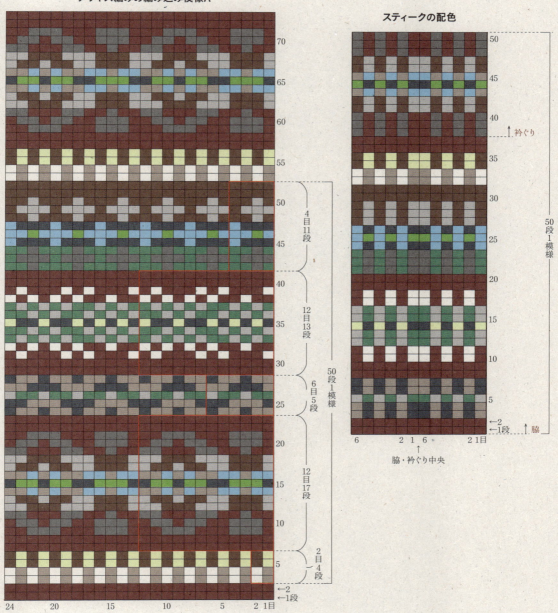

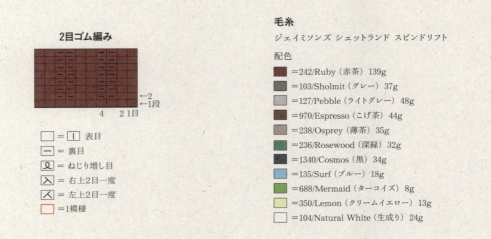

2目ゴム編み

□ = 表目
− = 裏目
Q = ねじり増し目
⋀ = 右上2目一度
⋀ = 左上2目一度
□ = 1模様

毛糸

ジェイミソンズ シェットランド スピンドリフト

配色

- = 242/Ruby（赤茶）139g
- = 103/Sholmit（グレー）37g
- = 127/Pebble（ライトグレー）48g
- = 970/Espresso（こげ茶）44g
- = 238/Osprey（薄茶）35g
- = 236/Rosewood（深緑）32g
- = 1340/Cosmos（黒）34g
- = 135/Surf（ブルー）18g
- = 688/Mermaid（ターコイズ）8g
- = 350/Lemon（クリームイエロー）13g
- = 104/Natural White（生成り）24g

次ページに続く

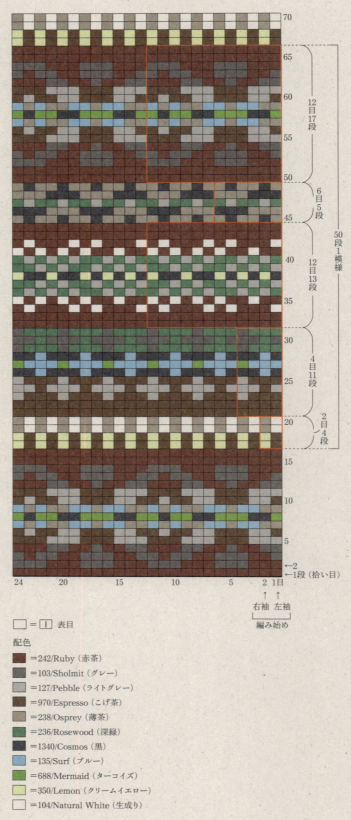

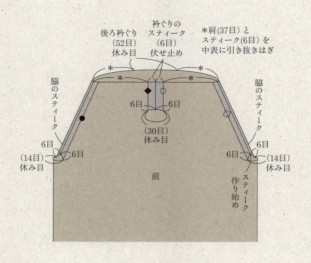

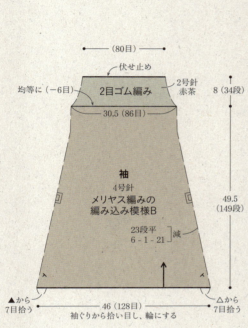

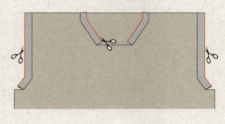

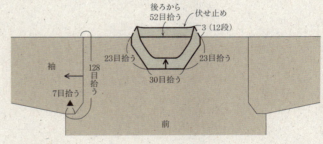

◎袖
脇のスティークを切り開き（p.141-C参照）、袖ぐりからスティークと袖ぐりの境目に針を入れて128目を輪に拾い目して、袖をメリヤス編みの編み込み模様Bで編みます。袖下中央で減らしながら編みます。2号針に替え、1段めで80目に減らし、2目ゴム編みを輪に編みます。編み終わりは前段と同じ記号で伏せ止めにします。

◎まとめ
衿ぐりのスティークを切り開き、衿ぐりから拾い目して、2目ゴム編みを輪に12段編みます。編み終わりは前段と同じ記号で伏せ止めにします。スティークを始末します（p.141-F参照）。

◎仕上げ
常温の水とおしゃれ着用洗剤で、押し洗いをしてよくすすぎ、ネットに入れて脱水します。好みのサイズに整えてから（幅を広げたり、丈を伸ばすなど）、日陰で平らに干します。
※縮ませて小さくするのは、風合いが変わるため、おすすめしません。

Essay

着ることがおもしろくなるといい

10代の頃、『オリーブ』という雑誌の熱心な読者でした。
新潟の小さな村のぼーっとした子供に、パリジェンヌという概念と、
遠くのものに対する憧れをしっかり植え付けたのは、この罪作りな雑誌でした。

『オリーブ』はただのファッション誌ではありませんでした。
はやりの洋服で女の子の体を飾ることにとどまらなかった。
『オリーブ』には服と世界をどうやって繋ぐか、という視点があったのです。
この世は楽しい場所で、良きものが満ちているから、
服というものを足場にして探っていきませんか、と誘ってくれていた。
そんなふうにわたしは感じていました。
服が好きならば、きっと音楽も映画も本も好きに決まってるという、
奇妙な思い込みをいつの間にか持ってしまったのも、『オリーブ』のせいではないかと思っています。

覚えているのは、この服を着て友達と海に行く、とかいうテーマの号。
影響されて、高校の授業で縫ったパジャマを着て（なぜパジャマだったかは覚えてないのですが）、
友達と二人、自転車をこいで近場の浜まで行きました。
そして日本海を眺めながらお弁当を食べました。
思い返すと、パジャマを着ていたのはわたしだけで、
友人は普通に学校のジャージを着ていたのですが、
それでも楽しかった。

東京で大学に通い始めて、いつの間にかこの雑誌を買わなくなりました。
アルバイトを始めてお小遣いを稼ぎ、その大半は古着屋通いに消えました。
服が好きだという気持ちは、ちょっとした財力を得て花開き、
とりつかれたように、ひたすら買っては着ました。
最初のうちはそれで満足でした。
でも服に集中するほど、あれ、と思う瞬間が増えていきました。
なんだか自分が根無し草のような、虚しい気分になるのです。
こんな格好して、わたし何がしたいんだっけ、というような。
着るもので自分をどう見せようと、そこからつながる何かがないと、
自分が楽しくならない。展開していけない。
途方に暮れてしまいました。

とはいえ、わたしはやっぱり服が好きでした。
だから服に飽きたくなかった。
そこで、服が好きなまま、もっとおもしろく生きるには
どうしたらいいのか、としばらくうろうろ考えました。
ようやく浮かんできた答えは、作ることをそこに合めればいい、ということでした。
さらに言うと、服以外の世界をしっかり楽しんで、そこから栄養を摂りながら、作っていく。
そうやって作ったものを人が楽しんでくれたら、
それは「世界の中にわたしが作ったものが組み込まれて、循環する」ってことだから、
もう根無し草ではない。
どうやらその理屈は、わたしの心には効きました。
作る、着る、世界を楽しむ、がぐるぐる回って、今は愉快にやっています。

No.	Name
5	桐島かれん

Her requests

- 父親がスコットランド出身なので、
  我が家には代々伝わるタータンチェック柄がある。
  「家紋」という意味で、
  家ごとに違う編み込み模様があるとも言われている
  アランセーターを編んでもらえるとうれしい。

- 長さは、おしりが隠れるくらいで。

- 本来のアランセーターは、太い毛糸で編まれた
  バルキーなものだと思うけれど、
  できるだけ細い糸でソフトに編まれているとうれしい。

- ぴたっとしたサイズのアランセーターを女性が着ると、
  痩せている人でも太って見えると思う。
  ウエストがタイトだと、とくに。
  重ね着もしたいので、ゆったりめにしてほしい。

- 色は、ベーシックなホワイト。

- 襟ぐりは広め。

- 同じ模様の帽子をセットで身につけたい。

- 帽子もベーシックなシルエットがいい。
  ぺたんと頭にフィットしないで、すこしふくらんでる感じ。
  折り返しがあって、ポンポンがついている。

Profile

桐島かれん　Kirishima Karen

モデル・女優。神奈川県横浜市出身。上智大学在学中にモデルの仕事を始める。1986年、資生堂のイメージキャラクターとして本格的にデビュー。1989年、伝説のバンド「サディスティック・ミカ・バンド」にボーカリストとして参加。以後、モデル、女優、ラジオパーソナリティーと幅広く活躍する。自身で立ち上げたブランド「ハウスオブロータス」のクリエイティブディレクターも務めている。

桐島さん私物。代々伝わる、家紋のタータンチェック。

スタイリング：佐伯敦子
ヘアメイク：福沢京子
協力：自由学園明日館　http://www.jiyu.jp
衣装協力：ユーモレスク　03-6427-2353
ジャーナル スタンダード ラックス 銀座店　03-5159-7450

No.	Sweater Name	knot (a lot)
5		knot (a bit)

Commentary

身幅はゆったり目、長さはおしりが隠れるくらいのアラン、でも軽いのがいい。……うーむ。
ただでさえ重くなるアランを、桐島さんの身長で、さらにルースなサイズで、軽く？
難しいな、と反射的に思いながら、同時にムラムラとやる気が湧いてきました。

軽いアランセーターでまず思いついたのは、機械編みと思しき、アパレルメーカーのアラン。
どっしりした手編みのアランとは別物の、あのふわっとした軽さは、どこから来るのでしょうか。
まず糸が細い。そして重みの原因になるケーブルをあれこれと詰め込みすぎていない。
裏メリヤスの「余白」が結構ある。
そもそも面積あたりの編み目自体が少ない、つまり糸の太さに比してローゲージ。

糸については、スポンジッシュで太すぎない、軽めのアラン糸を
知っているメーカーにお願いして作ってもらっているので、それを使えます。
さて、アランの見せ場、ケーブルをどうするか。
模様の面積を少なく、とは言っても、スカスカしているのは寂しいから、
「着たときに見える」場所にまとめて置くことにしましょう。
そして袖と身頃の脇は、あっさりと裏メリヤス。見た目ももたつかずに、すっきりします。
柄もいろいろと欲張りたいところだけれど、種類はうんと絞った方が、印象は強くなるはずです。
パターン集にあたって、Knotted Lattice（むすび目格子）という、
横方向に拡張していける模様をセンターパネルに選び、
さらにDrunken-Sailor Cable（酔いどれ船乗りケーブル）という、
よろけながらねじれて進む、"風変わりなケーブルで両脇を囲むことにしました。
この二つ、組み合わせるとスケールの大きなダイヤ柄とも見えますね。
あとは、襟と袖。桐島さんは、襟ぐりは広い方がいい、とおっしゃっていました。
例えば深めのボートネックのような形にしたら、きれいな細い首が引き立つつ、軽みを出す効果もあります。
セーターの重みで伸びないように、襟はダブルに。
袖は手首が見え隠れするくらいがバランスがいい。

さて、出来上がったセーター、158センチのわたしが着たら、
裾が腿の半ばくらいまで来て、長すぎるのではと少し不安になりました。
でも174.5センチの桐島さんには、ほぼおしりが隠れるくらい。ホッとしました。
ただ撮影の時になって、ああ、しまった、と思ったことがあります。
それは、裾のリブを短めにしたせいで、ブラウジングがしにくくなってしまったことです。
腰にひっかけた時に、ストンと落っこちてきやすい。
「どう着るか」、についての想像力が足りませんでした。
桐島さんには本当に申し訳ないのですが、これから作るみなさんはそこも考慮して、
リブと丈の長さを調整していただけるといいのでは、と思います。

桐島さんにセーターの感想を伺ったところ、
柄のユニークさと、見た目より軽いことを褒めてくださいました。
優しい桐島さんは喜んでくださったけれど、
いつか機会があったら、ぜひ改良版を編ませていただきたいです。

セーターの名前は「knot (a lot)」。
お揃いで編んだ帽子には、結び目模様は控えめに入れたので、「knot (a bit)」とつけました。

| 桐島かれんさんのセーターと帽子 | 「knot (a lot) knot (a bit)」の編み図 |

毛糸……Miknits　アラン（極太）　生成り　セーター：680g　帽子：110g
用具……10号、12号4本棒針
ゲージ……セーター：裏メリヤス編み　15目×21.5段が10cm四方、
　　　　　　模様編みA　11目が7cm×21.5段が10cm、模様編みB　18目×21.5段が10cm四方
　　　　帽子：2目ゴム編み（10号針）22目×25.5段、模様編み　18目×18.5段が10cm四方
サイズ……セーター：胸囲116cm　着丈78cm　ゆき丈78cm　帽子：頭回り44cm　深さ25.5cm

編み方

糸は1本どりで編みます。

セーター
◎後ろ・前
10号針で90目作り目し、2目ゴム編みを編みます。12号針に替え、模様編みの1段めで図のように増しながら編みます。ラグラン線を図のように減らしながら編みます。衿ぐりは中央を休み目して、左右に分けて編みます。

◎袖（編み図はp.72）
10号針で42目作り目し、2目ゴム編みを編みます。12号針に替え、模様編みの1段めで図のように増しながら編みます。両端で増しながら編み、ラグラン線を図のように減らしながら編みます。編み終わりは休み目にします。同じものを2枚編みます。

◎まとめ
脇、袖下、ラグラン線をすくいとじ、身頃と袖の7目をメリヤスはぎで合わせます。衿ぐりは、前後身頃と袖から拾い目し、2目ゴム編みを輪に編み、編み終わりはゆるめに伏せ止めにします。衿ぐりを内側に二つ折りにして、2目ゴム編みの1段めにまつります。

帽子（編み図はp.73）
10号針で92目作り目し、3本の針に分けて輪にします。2目ゴム編みを編みます。模様編みを18目編み、残りを2目ゴム編みで編みます。指定号数で図のように編みます。最後の2段は2目一度を繰り返して減らします。糸端をとじ針に通し、残った目に糸を通して絞ります。ポンポンを作り、トップにつけます。

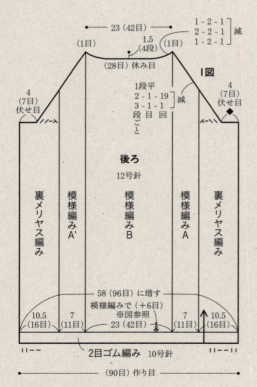

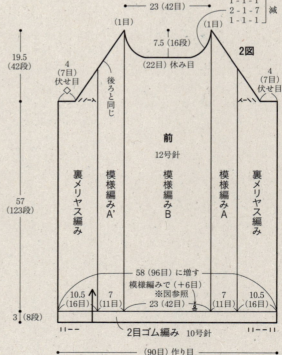

※合印同士（◆・◇）はメリヤスはぎ

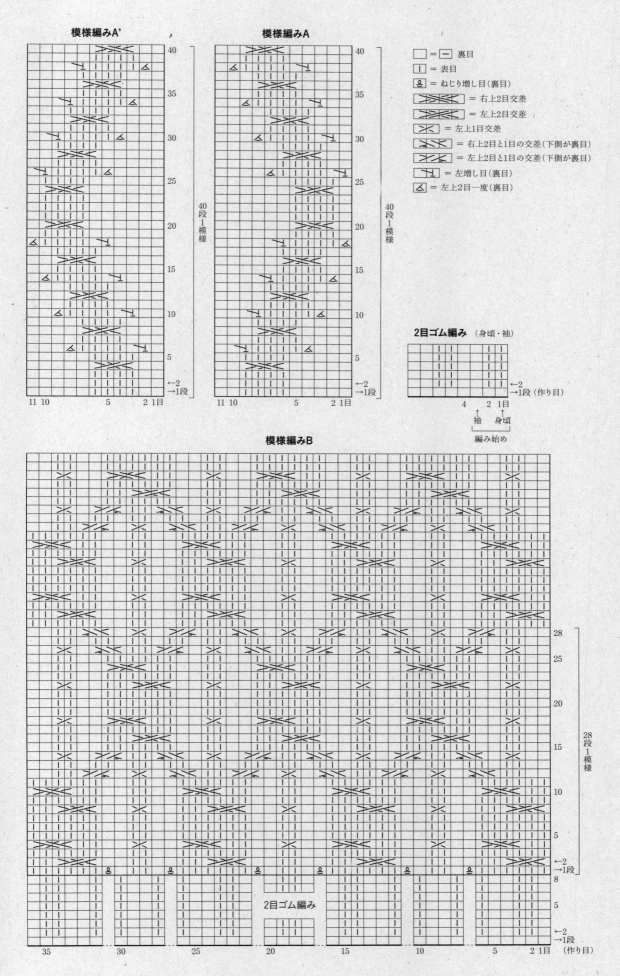

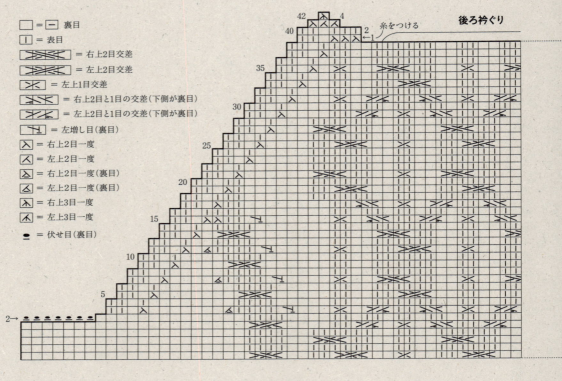

後ろ衿ぐり

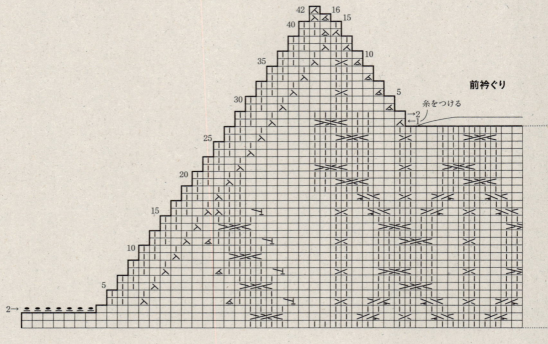

前衿ぐり

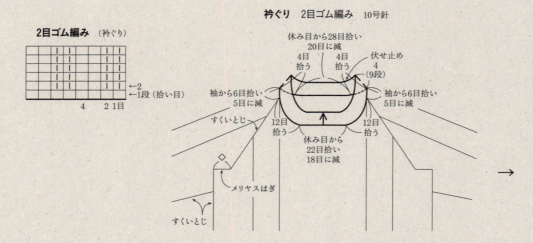

衿ぐり　2目ゴム編み　10号針

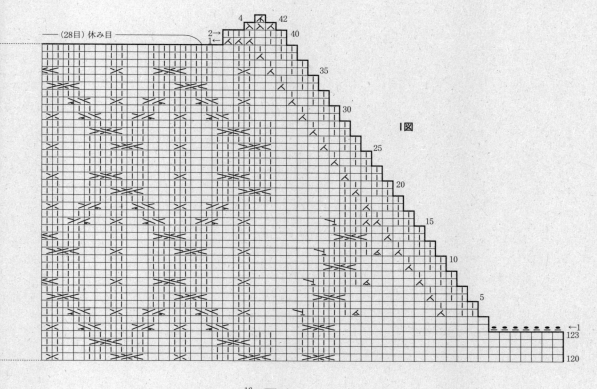

1図

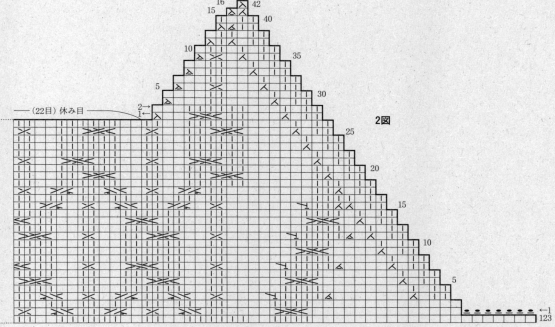

2図

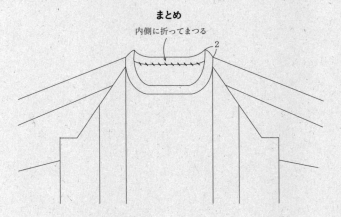

まとめ
内側に折ってまつる

次ページに続く

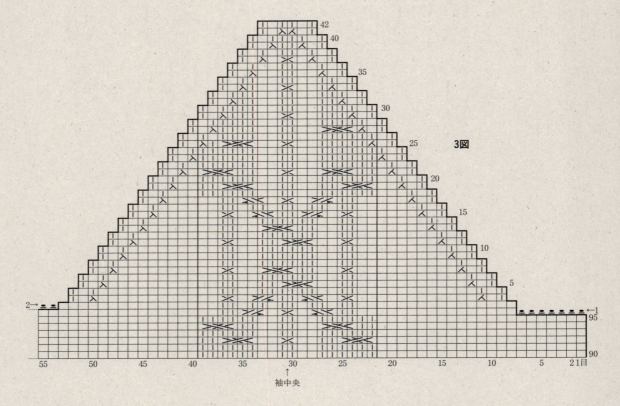

3図

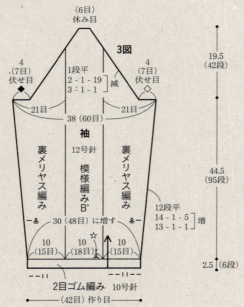

模様編みB'

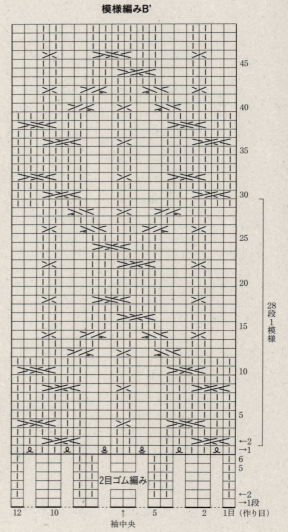

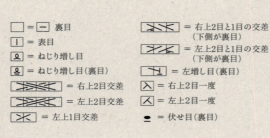

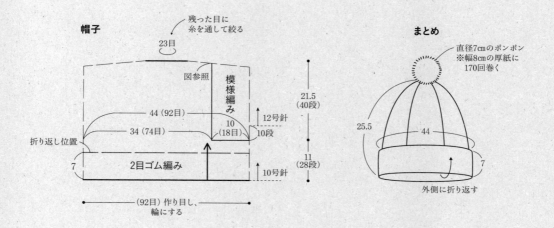

帽子の編み方

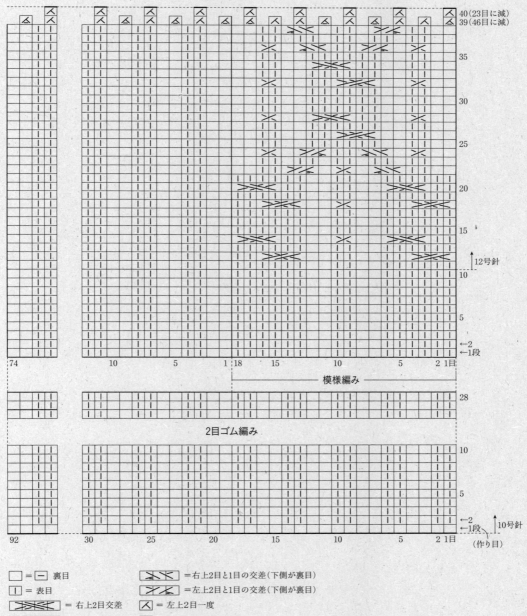

Essay

早く編むことについて

「おばあちゃんのお口はなんでそんなに大きいの？」
「オーマーエーヂ ターベール ターメーサ！」
……というのは赤ずきんですね。

わたしの右腕は左腕より太い。
これはたぶん、わたしの編み方の癖のせいです。
いわゆる「アメリカ式」というやり方で、右手の人差し指で糸を針にかけるのですが、
そのモーションが大きくて、右腕の根元から腕全体が前後に、振り子のように動くのです。
日々5〜8時間くらいこれをやっていたら、
右腕に余計に筋肉がつくのは当たり前かもしれません。

時々「フランス式とアメリカ式と、どっちが早く編めますか？」と訊かれます。
これから編みものを始めるという人には、「フランス式じゃないでしょうか」と答えています。
左手で糸を張ったらそのままキープするので、「指で糸をぐるっと回して針にかける」という動作がありません。
右手のモーションも小さく、その分効率的で、一目を編むのにかかる時間が少なくて済みます。
わたしに編みものを教えてくれた祖母はアメリカ式で編んでいました。
おかげでわたしもそうなったのですが、なんと祖母はその後、60歳くらいの時に、
友人がやっていた「左手で糸を持つやり方」が効率的なのを見て取り、
さっさとフランス式に転向してしまいました。

ただ、「フランス式の方が早い」というのは、理屈の上というか、一般的にはそうかもねくらいのことで、
ある程度以上長い年月編みものをしていると、どっちが、ということでもなくなるみたいです。
シェトランド諸島に行った時にお会いしたHazel Tindall（ヘイゼル ティンダール）さんは、
フェアアイルニットの生き字引のような年配の女性ですが、子供の頃から続けてきたという
「右手で糸をかけるやり方」（アメリカ式と呼ぶのははばかられますが）で編むところを拝見すると、
それはもう、べらぼうに、絶句するほど、早い。
ハチドリがはばたいてる映像を見てるみたいなのです。うまく指の動きを追えません。
人差し指は編み針の先端すれすれのところで構えていて、最小の動きで編み目をすくっていきます。
ヘイゼルさんは、編むスピードの世界記録の保持者だそうです。

「何式」についてはこれくらいにして、アランセーターに話を移します。
アランセーターで多用する、ケーブル模様を編む時に使う「縄編み針」というものがあります。
交差する編み目を休めておくための短い針で、とても便利なのですが、
早く編むという観点からすると、使わないほうが効率的です。
ケーブル模様の箇所に来るたびに、いちいち編む手を止めて縄編み針を拾い上げると、
リズムも崩れて、気分が乗って行きません。
模様を頭に入れたら、あとは、たーーーっと手が走っていくのについていく、というのが
編みものをする快感だと思うのです。
縄編み針を使っているけれど、使わない編み方にも興味があるという方は、
ぜひ編みもの本などで調べて、トライしてみてください。
（とはいえ、交差の目数の多い時はやはり便利なので、
　わたしも細いのと太いのを一本ずつ持っています）

わたしはセーターを作る時、色違い、サイズ違いはニッターさんにお願いすることがありますが、
大元になる1枚は自分で編みます。
提出の締め切りを（ぼんやりとではありますが）にらみながら編み始めて、
予定通りにするっと出来上がることは、まずありません。
袖を一本編み直す、くらいはしょっちゅうです。
自分でしなければ気が済まないし、自分でやることが喜びでもあるので、仕方ないです。
おかげで仕事として編むようになってから、編むスピードは大分上がりました。
「どうして早く編めるようになったの？」と訊かれたら、わたしの答えは
「編み直しをバッチリしたいから」なのです。

No.	Name
6	谷川俊太郎

His requests

- セーターを何着か持っているが着心地が微妙で、ちょっとしたことで「これは着ない」となってしまう。まずは重さ。あまり重すぎないものがいい。

- 首から風邪をひくので、首はあたためたい。とはいえ、とっくりセーターやハイネックは、首まわりが鬱陶しいので好まない。できるだけ単純に、首を守りたい。締めつけすぎず、着ていてゆるまない襟ぐりがいい。

- 太い毛糸のセーターは持っているけれどあまり着ない。

- さらっとした肌触りがいい。

- グレーとか茶色とか、地味系の色が好き。

- 柄や模様もないほうが好ましい。

- ただ、こうした好みとは革命的に違う色や柄のセーターでも構わない。

Profile

谷川俊太郎　Tanikawa Shuntaro

詩人。1931年東京生まれ。1952年、第一詩集『二十億光年の孤独』を刊行。以降、エッセイ、絵本、翻訳、脚本、作詞など、様々な分野で活躍を続ける。1975年日本翻訳文化賞、1988年野間児童文芸賞、1993年萩原朔太郎賞を受賞。ほか受賞多数。

少年時代の写真。手編みのセーターを着ている。

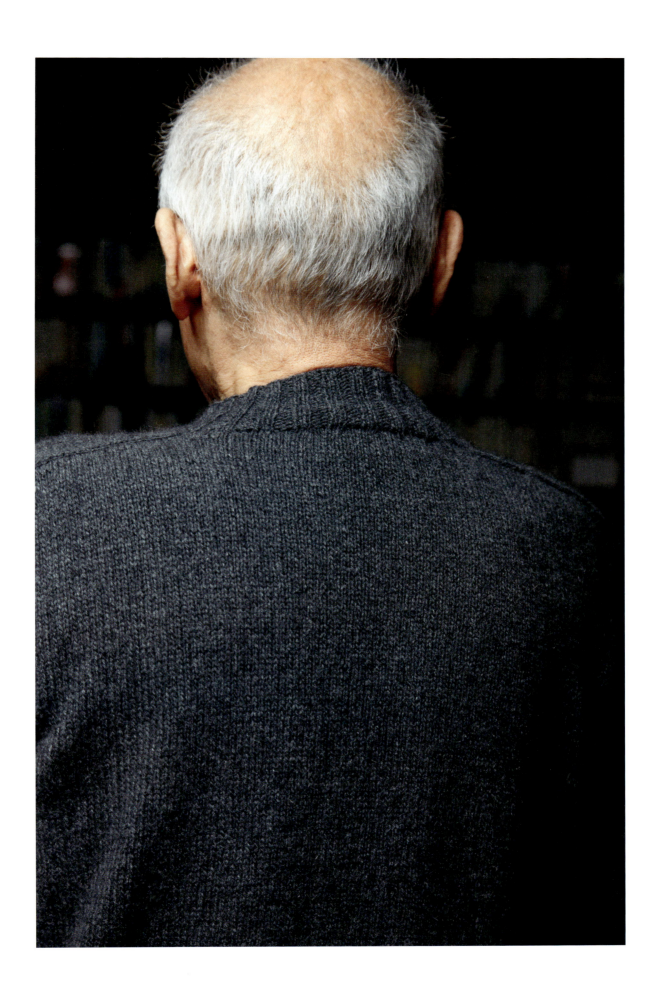

スタイリング：谷川俊太郎

No.	Sweater Name	
6	**nap**	

Commentary

谷川さんに「セーターを編ませていただけないでしょうか」とお訊きした時、
お返事が「『無地のカシミヤ』しかもう着ないけれど、それでもよければ」でした。

もちろん、よろこんで。
カシミヤ100パーセントの糸で編むのは、編む側にとっては贅沢な体験です。
ぽつぽつとメリヤス編みを繰り返してできる薄い編み地は、
その毛の主がもういないのに体温を発しているみたいにぬくくて、驚きます。

実は編んだあとで気付いたのですが、わたし、
無地のセーターを編むのは生まれて初めてでした。
編みもの本にはなかなか無地のセーターって載らないし、
わたしもデザインしたことがなかった。
きっと、たいていの手編みのセーターに模様があるのは、
「編む人が楽しいように」、なんでしょうね。
着る人にとってはむしろ模様がない方がうれしい、ということが
往々にしてあるのに、そこはあえて見ないようにしてるのかも、と
今回反省しました。

編むにあたって、谷川さんのお気に入りのセーターを
サイズの参考に貸していただきました。
もうずっと何十年も、冬になるたびにお召しになっているという、
カシミヤのミッドグレーのセーター。
目が詰まっていて、襟の高さやリブの締まり具合とかが、すごく程よい。
眺めてるうちにちょっと嫉妬を感じましたが、
サイズはいっそこれをコピーさせてもらうのがいいと決めて、
裾のリブの長さなどのディテールにわたしの好みを入れました。

着ていただいて、感想を伺うと、
「ずっと前から着ているみたいだよ」、と。
これ以上うれしい言葉はないです。

セーターの名前は「nap」。
昼寝の時も邪魔にならない、
着ごこちの良いセーターでありますように、とつけました。

谷川俊太郎さんのセーター	「nap」の編み図

毛糸……リッチモア　カシミヤ（20g玉巻・合太）　チャコール（104）305g
用具……6号2本、4号4本棒針　4/0号かぎ針
ゲージ……メリヤス編み　26目×36段が10cm四方
サイズ……胸囲107cm　着丈61cm　ゆき丈74cm

編み方

糸は1本どりで編みます。

◎後ろ・前
4号針で126目作り目して、2目ゴム編みを編みます。6号針に替え、1段めで139目に増し、メリヤス編みを編みます。袖ぐりは端2目立てて減らします。前衿ぐりは中央の31目を休み目にし、左右に分けて減らします。肩は引き返し編みで編み、編み終わりは伏せ止めにします。

◎袖
4号針で62目作り目して、2目ゴム編みを編みます。6号針に替え、1段めで76目に増し、メリヤス編みを編みます。袖下はねじり増し目にします。袖山の減らし目は前後の袖ぐりと同様に編みます。ショルダーストラップは増減なく編み、編み終わりは休み目にします。同じものを2枚編みます。

◎まとめ
ショルダーストラップを肩に目と段のはぎでつけます。脇、袖下、袖ぐりはすくいとじにします。衿ぐりは、前、後ろ、袖の休み目を棒針に移し、1段めで指定の目数に減らしながら2目ゴム編みを輪に編みます。編み終わりは、前段と同じ記号で編んで伏せ止めにします。
衿ぐりの2目ゴム編み1段めの裏側から拾い目をして、かぎ針で引き抜き編みを1周編みつけます（伸び止め）。

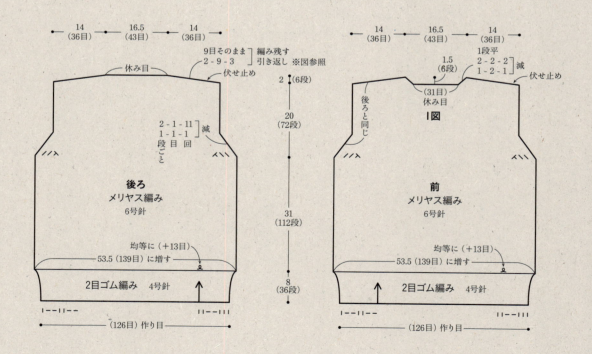

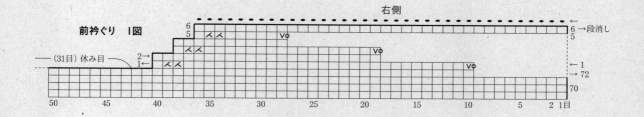
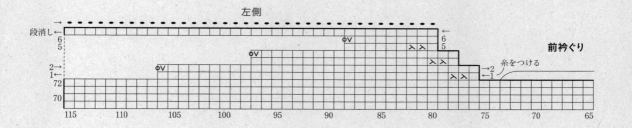
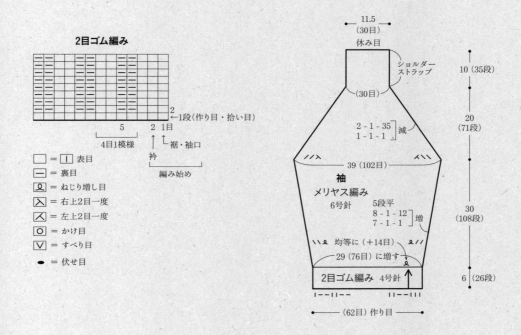
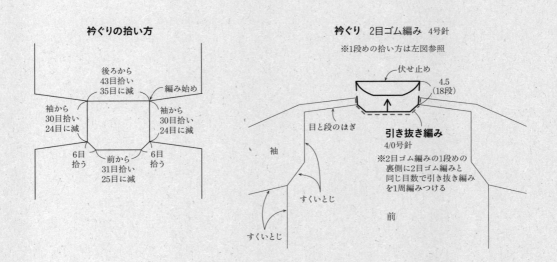

Essay

いもうと

かあさんがしーちゃんを産んどいてくれてよかった。
と今では思うけれど、子供の頃はお世辞にも仲の良い姉妹ではなかった。
一年遅れてこの世にやってきた、やせっぽちでみそっ歯で目が大きい、
よく動いてよくしゃべるエネルギッシュな女の子は、
万事において「スローモー」なわたしにとって、
なかなか以上に脅威だった。

なんか知らないけどわたしの大事な絵本を破るしーちゃん。
昼寝の時に、くの字になって眠るかあさんの「おっぱい側」を
必ず占領するしーちゃん。
ご飯の時、好き嫌いを通すしーちゃん。
おじいちゃんとこっそりおまんじゅうを食べてるらしいしーちゃん。

しーちゃんは正直だった。
自分の意思を大切にする人は、他の人からも一目置かれるし、大事にされる。
小憎らしいと思っていた「ちゃっかりしている」ところも含めて、
わたしはとても羨ましかったのだと思う。

しーちゃんはよその人がお客に来ると走って行って、襖の外からじーっと見てた。
ママレモンで作ったシャボン玉液をジュースと間違って飲み込んでた。
金比羅様の池にロッテのバニラアイスを落っことして、身も世もなく泣いた。
ほとけさまの部屋に行っては、いいお菓子がないかチェックしてた。
遊園地のお化け屋敷に入ると言って聞かず、でもあっという間に
泣き叫びながらお父さんの手を引っ張って出てきた（わたしは外で待ってた）。
畑から芋虫を捕まえてきて、カーテンにくっつけていた。
おじいちゃんの大事な山野草にもくっつけていた。
小学校に入ると先生から大統領と呼ばれてた。
料理クラブに入って、家のオーブンを学校に持ち込んだ。
料理とお菓子の本を買っては、何回も何回も読んでいた。

そのあとのことは、実はあまりよく知らない。
わたしもしーちゃんも思春期に入って、お互いがどうしているか構わなくなったから。
大人になってからは、自分のことで忙しくて、なかなか会うこともなくなったから。

でもさ。
わたしたち、こんなふうに、こんなにうれしく、おばさんになったなんてね。
料理と編みものが仕事になってるなんてね。
70に近くなったかあさんと、しーちゃんと、夏に3人で温泉に入って、
そんなことを思っていたんだよ。

No.	Name
7	平松洋子

Her requests

- 可能ならば、
まるで着ていないような着心地のセーターがほしい。
着た瞬間に、着ていることを忘れる軽やかさ。
重いものを着るとすぐに肩が凝ってしまうので。

- こんもりと厚着をするのが苦手なので、
薄手のセーターがいい。

- やさしく包み込んでくれるような着心地だとうれしい。

- ウエストの部分が少しくびれているデザインが好き。
ニットでそれができるならば、
「軽くする」ことにこだわらなくて構わない。

- 目を減らしてくびれを作るような、
工夫が凝らされている部分にグッとくる。
手編みならではの凝ったところがあるとうれしい。

Profile

平松洋子　Hiramatsu Yoko

エッセイスト。食や生活文化をテーマに、広く執筆活動を行う。2006年『買えない味』で第16回bunkamuraドゥマゴ文学賞を受賞。2012年『野蛮な読書』で第28回講談社エッセイ賞を受賞。『サンドウィッチは銀座で』『ひさしぶりの海苔弁』『洋子さんの本棚』（小川洋子との共著）『食べる私』『彼女の家出』ほか著書多数。

撮影のときにいただいた、平松さんの著書。

スタイリング：平松洋子
ヘアメイク：市瀬ひとみ
協力：大室桃生、土器典美、DEE'S HALL http://www.dees-hall.com/

No.	Sweater Name	
7		Cloudy

Commentary

「着ていないようなセーターがいいです」。
渡された録音から聞こえてきた、平松さんのほぼ唯一のリクエストでした。
薄手、なるべく軽く。
わたしができるのはどんなことだろう、と考え始めた時、
「せっかくなので、ずっと着たいから」とささっとおっしゃるのが聞こえてきました。
うれしい。なんとか応えたいと思いました。

たとえば機械編みくらいのハイゲージで編んでみようか。
その昔ヨーロッパのギルドの職人は、貴族のために
おそろしく薄手の絹の下着を編んでいたと言うし、わたしにもやってやれないことはないはず。
でもその方向性は、合っている？
いやいや、平松さんはそんなことを求めてはいない気がします。

文字通りに極細糸で、というよりは、ウールでも質感の軽いものはどうかしら。
すぐに頭に浮かんだのは、オステルヨートランドというスウェーデンの紡績工場の糸でした。
ジェニーという名前の古い機械で紡がれるその糸は、ポクポクとしたコットンのような肌触りで、
編んでしまうと、実際の重さより軽く感じられます。
「鉄100キロと、わた100キロと、どっちが重い？」という
懐かしい問答が浮かんでくるような、不思議な軽みのある糸です。

平松さんのリクエストを聞きに行ってくれた仲間から、追加の情報をもらいました。
体に沿ったシェイピングがあって、増し目、減らし目が
デザインのポイントになっているようなセーターがいい、とおっしゃっていたと。
そこで、
・糸はオステルヨートランド羊毛紡績「ヴィシュ」。
・体に沿うというよりは、体が中で泳ぐくらいのゆとりを作って「着ていない感じ」を出す。
・掛け目でシェイピングのラインを強調。
ということでいこう、と決めました。
われながらうまくいったのではと思っています。

平松さんはセーターに「cloudy」という素敵な名前をつけてくださいました。
たしかに身頃の途中から始まる蜂の巣模様が、糸の色と相まって曇り空のよう。
すごくぴったりだと思います。
撮影日は梅雨が近いことを感じさせる、白っぽい空の日で、
このセーターに墨色のスカートをお召しになった平松さんが
中庭の緑をバックにすっと立った姿は、本当にすがすがしく、美しかった。
「着ていないみたい、こんな蒸し暑い日でもこのまま着て帰れそう」、という
うれしい言葉もいただきましたよ。

平松洋子さんのセーター　「cloudy」の編み図

毛糸……オステルヨートランド　羊毛紡績ヴィシュ（100g玉巻・合太）　ホワイトグレー（2）387g
用具……5号、6号2本棒針
ゲージ……裏メリヤス編み　23目×34段、模様編み　32.5目（袖）×32段が10cm四方
サイズ……胸囲108cm　着丈55.5cm　ゆき丈67.5cm

編み方

糸は1本どりで編みます。

◎後ろ・前
5号針で110目作り目し、変わりゴム編みを編みます。6号針に替え、1段めで126目に増し、裏メリヤス編みを編みます。51段めから両脇のかけ目で増しながら図のように編みます。肩は引き返し編み、衿ぐりは60目に減らして変わりゴム編みで編みます。編み終わりは前段と同じ記号で伏せ止めにします。前後同様に編みます。

◎袖
5号針で62目作り目し、変わりゴム編みを編みます。6号針に替え、1段めで78目に増し、模様編みと裏メリヤス編みを図のように編みます。両端のかけ目で増しながら編み、編み終わりは伏せ止めにします。同じものを2枚編みます。

◎まとめ
肩は引き抜きはぎ、袖は身頃に目と段のはぎでつけ、脇、袖下はすくいとじにします。模様編み部分は縮んでいるためスチームアイロンを当てて編み地を伸ばします。

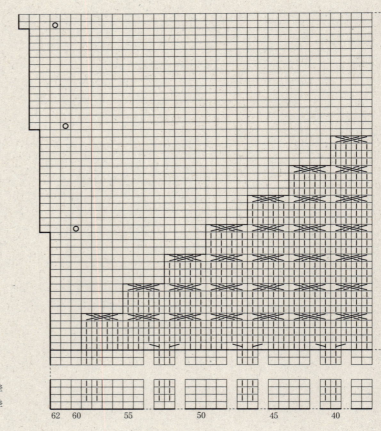

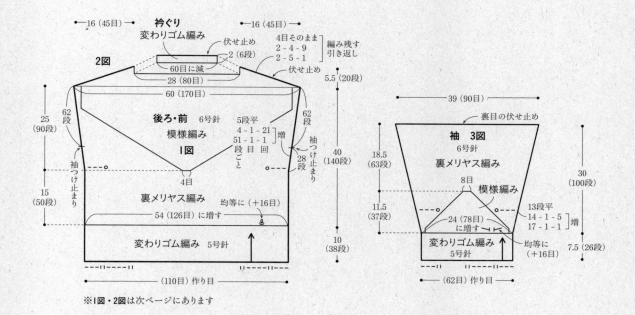

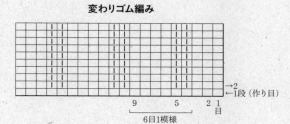

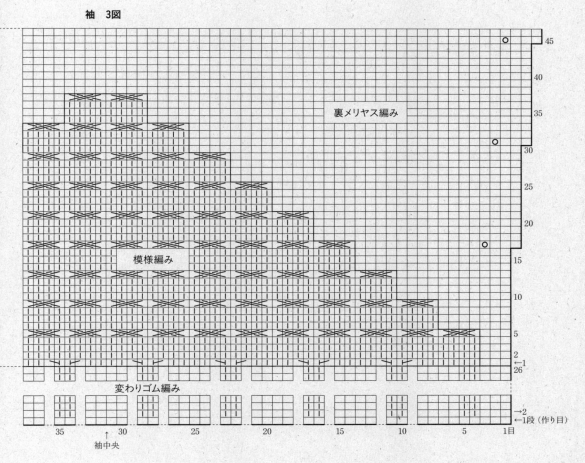

次ページに続く

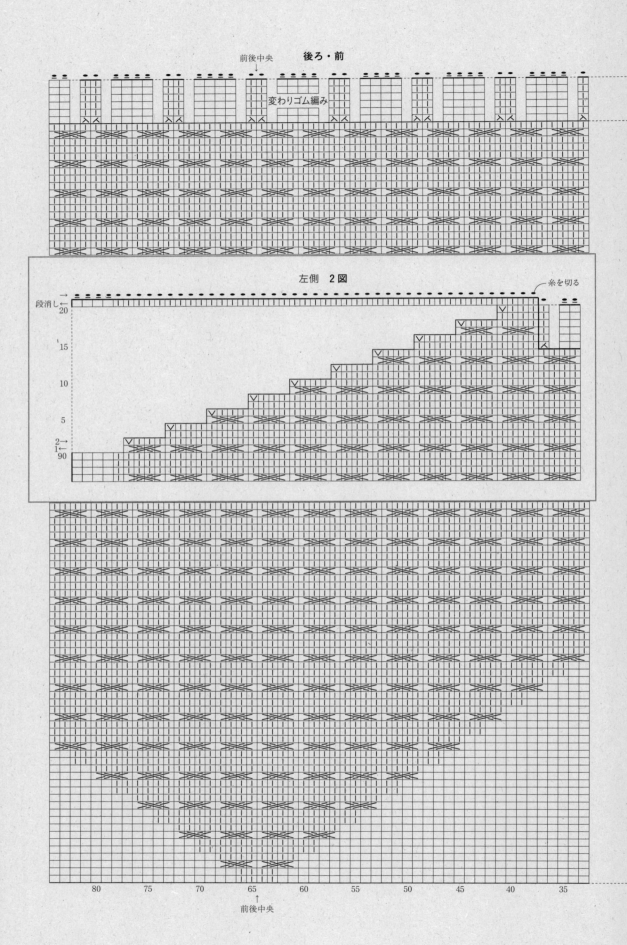

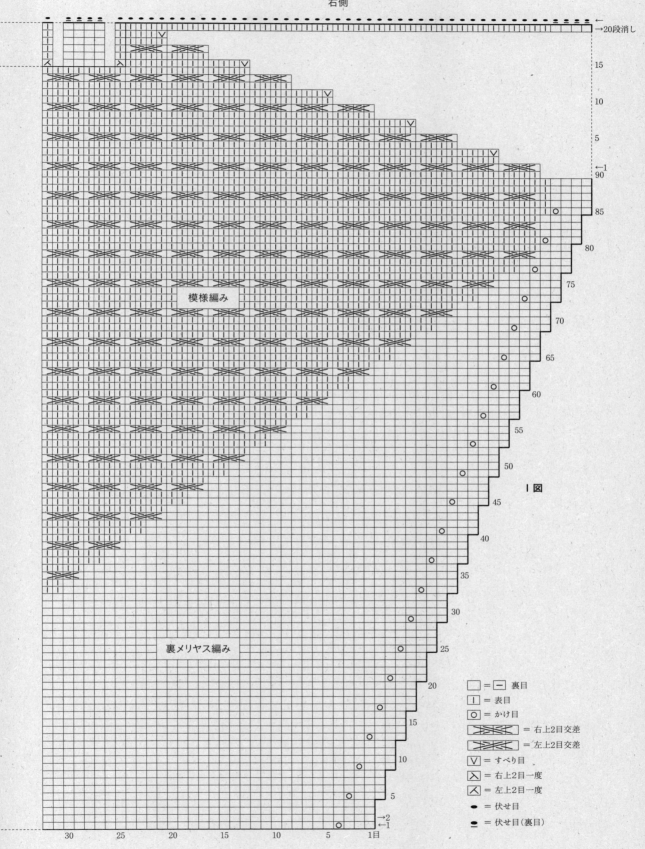

Essay

夫

「かぁわいい！ 天才じゃん？」
土曜の昼、キッチンのテーブルで作業をしていると、スパゲッティーを作ろうと入ってきた夫が
出来上がったばかりのミトンの片方を見つけて、褒めてくれた。
「や、宇宙のまりこステーションから、ピピピピと送られてきたからさ」とボソボソ答える。
わたしが何か有用で綺麗なものを作れたとしたら、それはわたしがたっぷりと才能に恵まれているから、
というわけではなく、遠い宇宙のどこかにある「デザインを生み出す基地」のような場所から、
この春日部の小さなキッチンまで、デザインが念波のようになって送られてくるからだ、
というストーリーが、我が家では共有されている。

なぜそんな話になったかというと、ある日
「毎日毎日新しいものを作り続けて、よくアイディアがなくならないよね」と夫に言われて、
常々感じてきたことを開陳したのだ。
宇宙のまりこステーション。
無限の宇宙から来るんなら、無尽蔵だ。
アホだなー、というように、夫は笑った。
わたしも笑ったが、でも実感として、そういうことなのだ。
100パーセントわたしからデザインをひねり出すとしたら、そんなにバリエーションは出てこないけれど、
広く、毎日変わっていく大きな世界から学べば作るものにキリはない、ということがベースにあり、
さらに時々ピピピピが来るのだ。
それは作品の色やディテールのこともあれば、「それ出来かかってるけど、よくないから没にしたら？」
というアドバイスの時もある。
そういう時は心でお礼を言う。宇宙のステーションは仕事熱心で親切だ。
こういうわけで、わたしが天才ではないということは、夫もとっくに知っているのだが、
いい人だからそう言ってくれるのだ。

夫は、自分を飾るとか、どんな服が流行っているかとかに、あまり関心がない。
身だしなみには気を配るけれど、服装はアロハシャツとか革ジャンとか、
「自分は昔からこれ」というのをどこかから買ってきては着て、心安らかにしている。
隣のスーパーで「イボイボスリッパ」を買って、上機嫌で履いている。
清々しい。皮肉ではなくそう思う。
そういう人だから、わたしが作るものにはあまり関心を示さない。
オシャレかとかどうとか、知ったことじゃないのだ。
ただ時々、ズバーンと彼の心に届くものが出来あがることがあって、
そういう時は「俺は驚いた」といった顔で、手放しで褒めてくれる。
そして、夫が褒めてくれるものは、経験上、たくさんの人に喜んでもらえる。
夫がかわいいと言ってくれると、ヒットする。
なんでしょうね。

No.	Name
8	片桐 仁

His requests

- 派手なセーターをリクエストするのが自分の役割だと思う。
- 「無地恐怖症」なので、柄はかならず入れてほしい。
- メキシコの、カラフルな街のような色合いが好き。
- 動物モチーフも好き。
  オウムと暮らしているので、オウム柄とか。
  恐竜柄のセーターなんかも着てみたい。
- カーディガンは着やすいけれど、
  セーターのほうが柄のインパクトが出るので、セーターを。
- 子供服の大人サイズがあればいいのに、とよく思っている。
  子供服にはおもしろいデザインが山ほどある。

Profile

片桐 仁 Katagiri Jin

コメディアン、俳優、彫刻家。1973年生まれ。埼玉県出身。多摩美術大学在学中に小林賢太郎と共にラーメンズを結成。以後、舞台、テレビ、ラジオ、粘土創作など、様々な分野で活動。粘土創作では、2013年4月に渋谷パルコにて個展を開催、18日間で1万3000人を動員。

自作の粘土作品、iPhoneケースの「カレイPhone」。

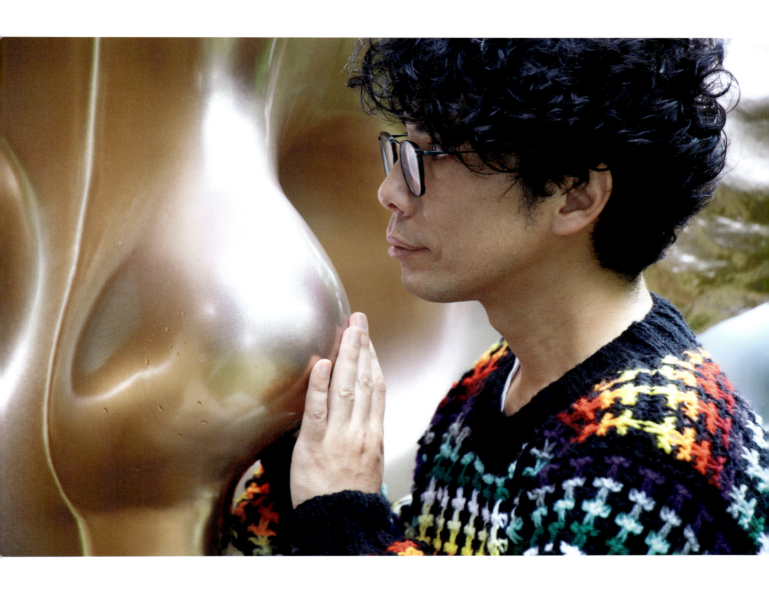

スタイリング：片岡麻弥子
ヘアメイク：市瀬ひとみ
協力：岡本太郎記念館　http://www.taro-okamoto.or.jp

No.	Sweater Name	
8		テクニカラー

Commentary

片桐さんの『粘土道』という素晴らしい作品集を拝見していたので、

わたしも何か「アート作品のようなニット」をぶつけるところじゃないか、

ここは、と思ったのです。

そこで一面動物を刺繍したセーターを考案して、「NOAH」という名前までつけて、

ほぼ完成させるところまで行ったのですが……。

ふと、そのできかけのセーターを見て浮かんだ言葉が、「労作」。

がーーん。

ものの良さよりも大変さが勝っている。

そんなセーターを片桐さんにも、誰にも着させるわけにはいきません。

やー、危なかった、気づいてよかった。

もっと気楽に作れて目にも楽しいものにしよう、と、

方向転換してできたのが、この黒地にレインボーカラーのセーターです。

ヒントは片桐さんの「メキシコみたいな色合いが好き」という言葉。

メキシコの織物や刺繍布の色遣いは、鮮やかで強い。

その強さは地の色と配色のコントラストから来ています。

ベースを黒にして、そこに明度の高い色を配色しよう。

糸はアクリルがいい。

発色がシャープで、蛍光っぽい色もあるからおもしろくなりそう。

チクチクしないからむしろ歓迎、と片桐さんもおっしゃっていたし。

色を乗せるために選んだのは、多色の繰り返し柄。

この細かい柄、フェアアイルのように二色の糸を持って編む

いわゆる「編み込み」の技法は使いません。

糸は一本だけ持って、滑り目で模様を出していくので、見た目よりずっと簡単です。

出来上がってつけた名前は「テクニカラー」。

子供の頃、こういう色遣いを見ると、惹かれながらも同時に不安になりました。

テレビの色。昭和の色。何かおっかないものが出てきそうな色です。

撮影は8月、岡本太郎記念館の庭のバナナの木の下で行いました。

片桐さんにはこれでも地味すぎるんじゃないだろうか、と少し心配だったのですが、

そんなことはなく、濃い緑の中でジャングルの鳥のようにちょうどよく目立っていました。

最後に片桐さんに「どうでしょう、着ていただけそうですか？」と訊くと、

「もちろん。いい普段着として着ます、撮影の時にも着るかも」とおっしゃってくださいました。

片桐仁さんのセーター ｜ 「テクニカラー」の編み図

毛糸……DARUMA　ダルシャン並太（45g玉巻・並太）
　　　　黒（20）316g、オレンジ（6）・紫（42）各26g、黄（5）・赤（18）各25g、
　　　　白（1）・レモン（2）・緑（16）・グレー（52）・えんじ（37）各23g、薄緑（8）22g
用具……7mm2本、13号4本棒針
ゲージ……模様編み（縞）A・B　13.5目×22段が10cm四方　※ゲージはアイロンを当てた後の寸法です。
サイズ……胸囲104cm　背肩幅45cm　着丈71.5cm　袖丈61.5cm

編み方

糸は1本どりで編みます。

◎後ろ・前
13号針で62目作り目し、2目ゴム編みを編みます。7mm針に替え、1段めで71目に増し、模様編み（縞）Aで増減なく編みます。5目伏せ目にし、衿ぐりまで編みます。衿ぐりは中央を休み目にし、図のように減らしながら肩まで編みます。編み終わりは休み目にします。肩を中表にして黒でかぶせはぎにします。

◎袖
前後から拾い目し、模様編み（縞）Bで編みます。両端1目立てて減らしながら編みます。袖口の2目ゴム編みは1段めで30目に減らして編み、編み終わりは前段と同じ記号で伏せ止めにします。

◎まとめ
衿ぐりから拾い目して2目ゴム編みを輪に編みます。編み終わりは前段と同じ記号で伏せ止めにします。脇と袖下を黒ですくいとじにします。厚みのある編み地のため、裏面からアイロンを当ててほどよく薄く仕上げます。

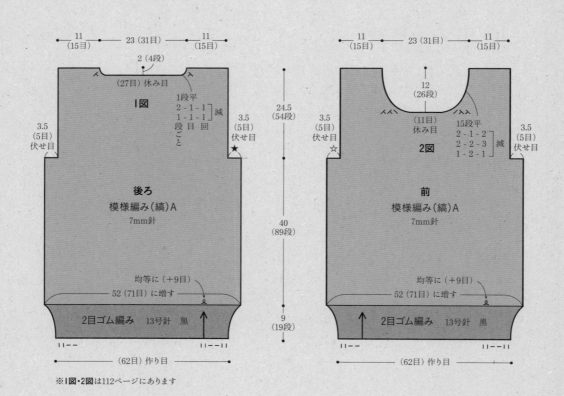

※1図・2図は112ページにあります

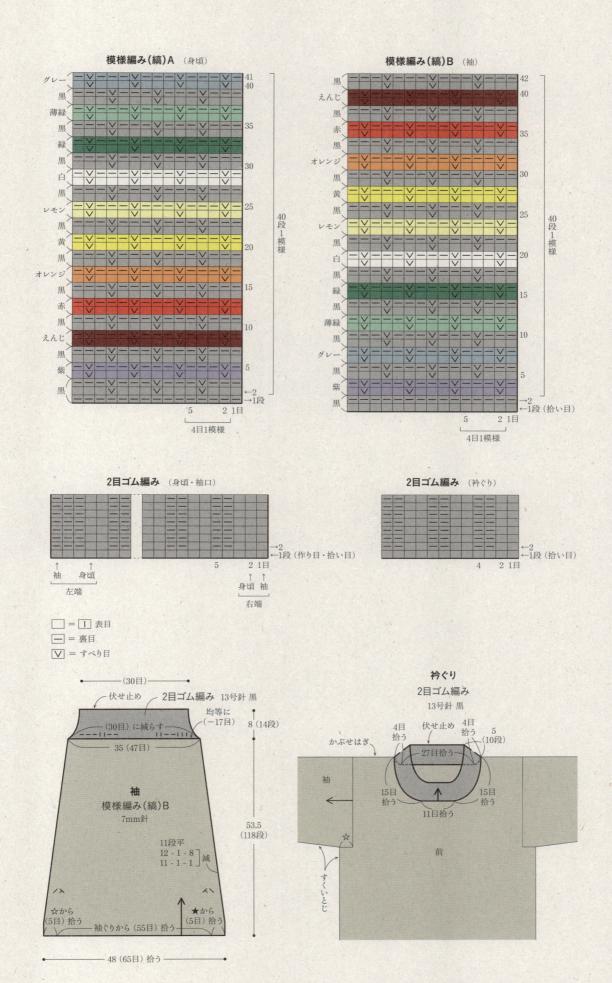

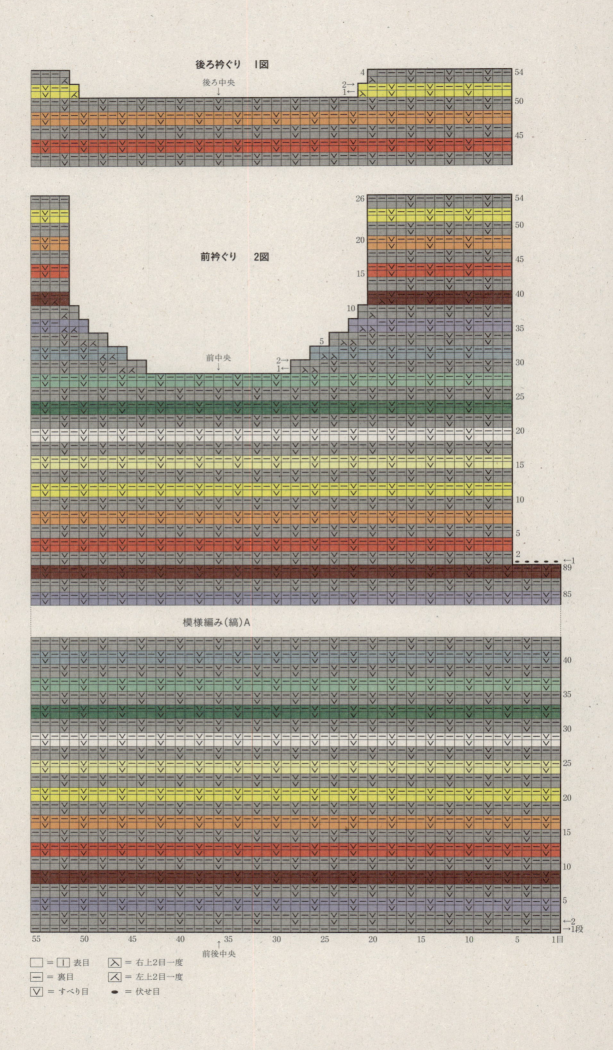

No.	Name
9	二階堂和美

Her requests

- あまり重くなく、ちくちくせず、窮屈じゃない、着心地として愛せるものがいい。

- とはいえ、着心地だけを優先した無難なデザインだとさみしい。わがままに理想を言えば、外出時に着ていけるほどよいおしゃれさと、家でも着られるラフさを兼ねた一着だと最高。

- 児童文学を読むときに感じるトラディショナルな雰囲気というか、シンプルで普遍的な世界感が好き。大人が身につけるニットに、そのイメージが漂っているとうれしい。

- 家にいるときさっと気軽にはおれるし、首に触れるウールの部分が少なそうなので、カーディガンタイプのほうがいい。

- ヨークカーディガンが素敵。

- 肩のところは、丸くすとんと落ちている感じがいい。

Profile

二階堂和美 Nikaido Kazumi

シンガー。浄土真宗本願寺派僧侶。広島県出身。1997年からシンガーソングライターとしてのキャリアをスタート。12作品のリリースを経て、2011年、代表作とも言えるアルバム『にじみ』を発表。2013年、スタジオジブリ映画『かぐや姫の物語』の主題歌を担当。現在も広島県に在住し、僧侶をつとめながら、アーティストとしての活動も拡大中。

二階堂さん私物。シンガーと僧侶という、ふたつの肩書を象徴的に表す、マイクと数珠。浄土真宗では「念珠」と呼ぶそう。

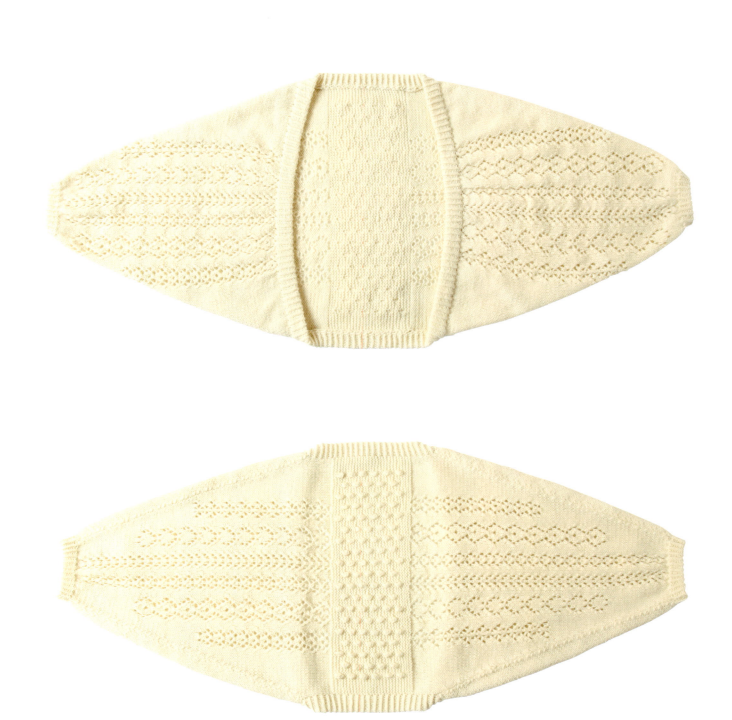

スタイリング：二階堂和美
ヘアメイク：市瀬ひとみ
協力：古書コンコ堂 http://konkodo.com

No.	Sweater Name	
9		道草

Commentary

はつらつとして可憐で、児童文学の主人公のよう。
二階堂さんにそんなイメージを抱いていたので、
セーターのリクエストの録音を聴き終えた時に、これだ、とひらめいたのが
どちらかというとロマンティックでフェミニンな羽織りものだったことに
自分でもあれれ、でした。

しかしもう、このニットは生まれたがっている。二階堂さんのために。
提案してくださった「ヨークカーディガン」もきっとすごく似合うと思うけれど、
今回はこのひらめきを優先させていただこうと思いました。

色は白。
影が濃く出て、光の透け方が美しい編み地にしたいから。
背中の中央を縦断するガーター地には、石ころのようなボブルを並べる。
ガーター地から編み出す両袖に、野の草のような細いレースをいく種類も伸ばす。
肌寒い時にさっと掴んでぱっと着られるように、
どっちが上ということもない、上下対称な形にする。
袖は動きやすさを優先して短めに。
前立ては伸びにくいようにダブルにする。

レース模様は、わたしが最も頼りにしている
Barbara G. Walker のパターン集から6種類選びました。
それぞれ全てに呼び名がついていて、中にはCat's Paw（猫の手）、
Gull Wings（カモメの翼）、といった楽しいものもあります。
これらのレースを草花になぞらえて、ニットの名前は「道草」にしました。

お召しになった二階堂さん、すごく素敵に似合っていて、わたしは
「まるで大正時代の女性のようです！」と、よくわからないことを口走ってしまいました。
でも、そんな感じじゃないでしょうか？
着てみていかがでしょうか、とご感想を伺ったところ、
「お、こうきたか、という（笑）。
　自分にはかわいすぎるんじゃないか、どうしよう、と最初思いました。
　でもひょいっと腕を通したら、
　いっぺんにかわいくなれるのはやっぱり嬉しい。
　上下気にしなくていいのも、使い始めるとおもしろさを実感しそう。
　出かけた先で、コートを脱いだ後これに着替える、
　みたいな使い方もしたいですね。」
とのこと。
何はともあれ、喜んでいただけてありがたかったです。

二階堂和美さんのリブウォーマー 「道草」の編み図

毛糸……DARUMA　メリノスタイル　並太（40g玉巻・並太）　生成り（1）365g
用具……9号4本、10号2本棒針
ゲージ……メリヤス編み　20目×27段、透かし模様　16.5目×27段が10cm四方
サイズ……丈56cm　ゆき丈57.5cm

編み方

糸は1本どりで編みます。

◎後ろ中央
別鎖の作り目して、10号針で後ろ中央から編み始めます。ガーター編みと模様編みを編みます。

◎後ろ
9号針でメリヤス編みと透かし模様①～⑥を編みます。図のように両端で減らしながら編みます。編み終わりは休み目にします。作り目の別鎖をほどきながら目を棒針に移し、同様に編みます。

◎前
9号針で作り目して、メリヤス編みと透かし模様①～⑥を編みます。両端で減らしながら編みます。編み終わりは休み目にします。同じものを2枚編みます。

◎まとめ
前後をつけ止まりまですくいとじで合わせます。袖口は前後の休み目から、縁編みは前後から拾い出し、ねじり1目ゴム編みを輪に編みます。編み終わりは伏せ止めにします。内側に二つ折りにして1段めの裏にまつります。衿ぐりは伸ばし気味にアイロンを当てます。

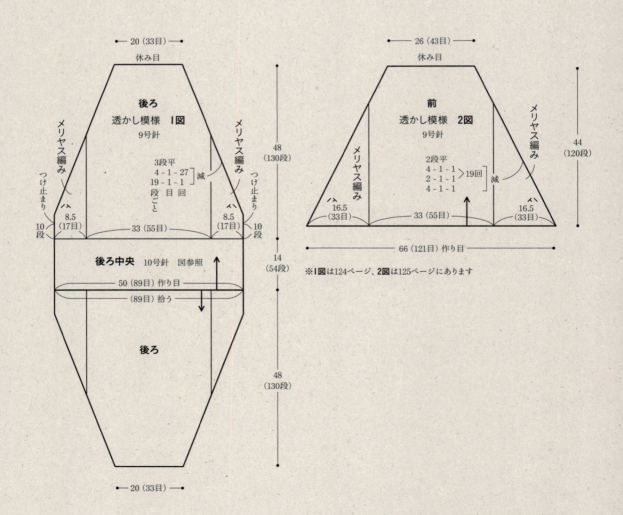

※1図は124ページ、2図は125ページにあります

後ろ中央

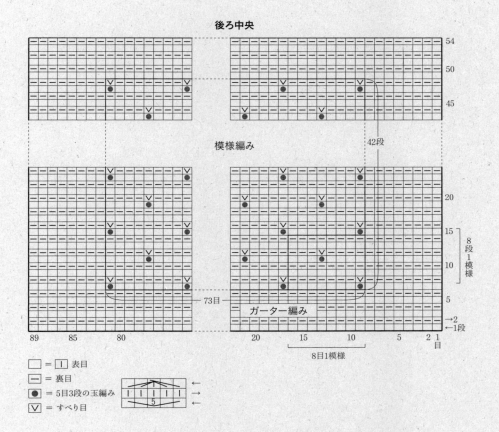

模様編み

透かし模様

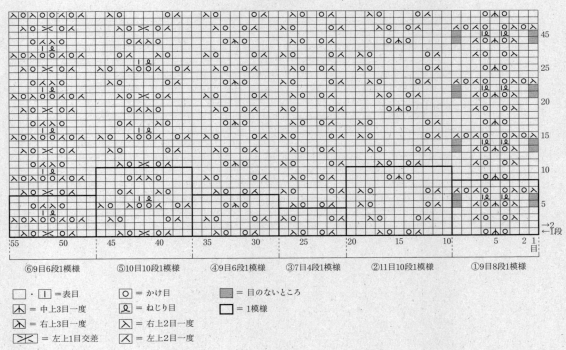

透かし模様の段数 ◎残りの段は表目で編む

	⑥	⑤	④	③	②	①
後ろ	11模様(66段)	10模様(100段)	21模様(126段)	32模様(128段)	10模様(100段)	9模様(72段)
前	14模様(84段)	11模様(110段)	19模様(114段)	29模様(116段)	11模様(110段)	11模様(88段)

次ページに続く

I図 後ろ

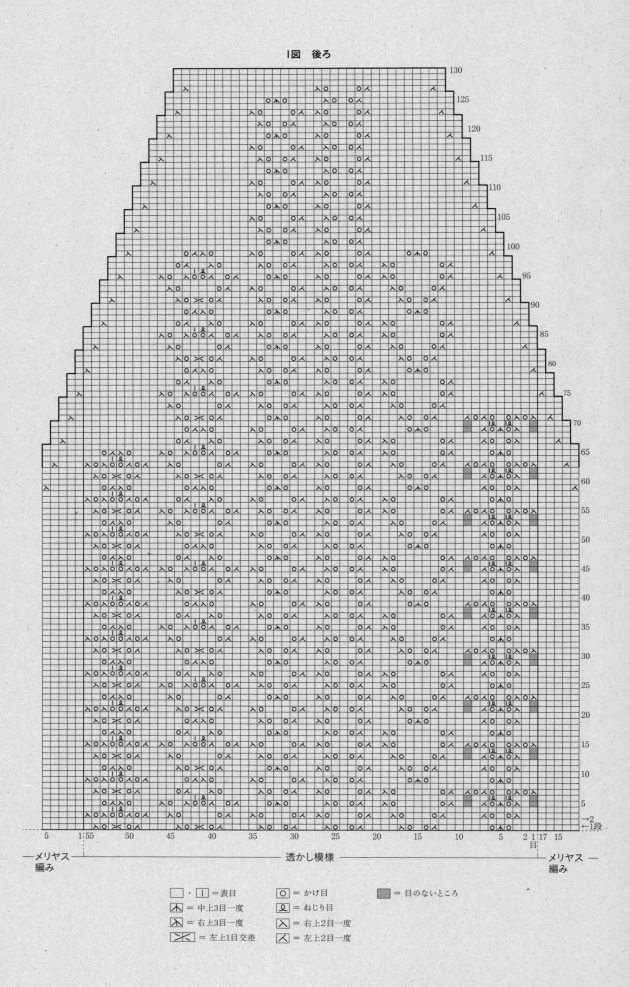

2図 前

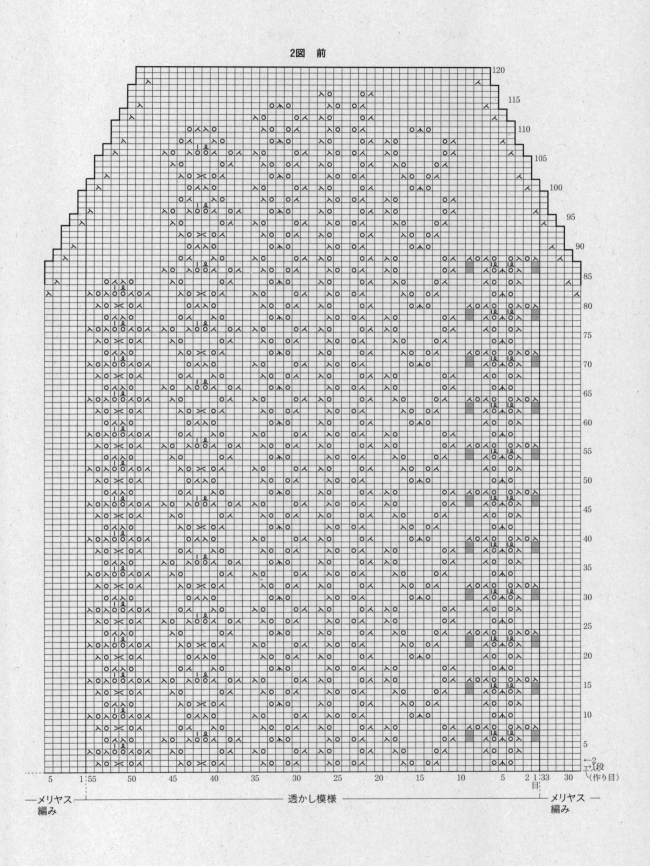

次ページに続く

まとめ

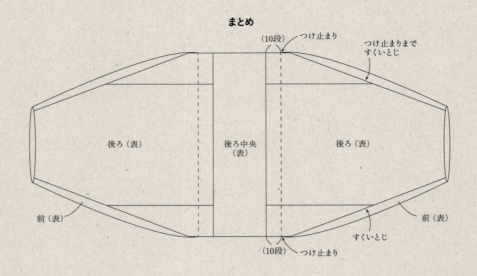

縁編み　ねじり1目ゴム編み　9号針

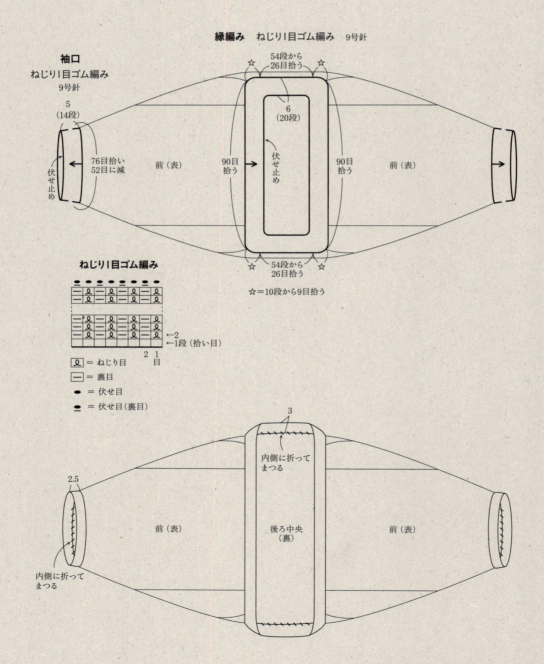

No.	Name
10	石川直樹

His requests

- 「K2」という世界で2番目に高い山に挑む際、登山基地となるベースキャンプで着るニットを。

- 頭からすっぽりかぶるタイプよりは、ジッパーなどで前開きできるほうが使い勝手がいい。

- 着たままテントで寝てしまうこともあるため、できるだけ頑丈なものを。

- 派手な色でも構わない。

Profile

石川直樹　Ishikawa Naoki

写真家。1977年生まれ。2000年、北極から南極までを人力踏破。2001年、7大陸最高峰登頂を当時最年少で達成。人類学、民俗学などの領域に関心を持ち、辺境から都市まであらゆる場所を旅しながら、作品を発表し続けている。

世界中に同行している愛用のカメラ。

このセーターを着用して過ごした、
ベースキャンプに至る氷河上の
キャンプの様子。

スタイリング:石川直樹
P128-129:K2のベースキャンプで石川直樹さんが撮影。
P130-131:K2のベースキャンプで石川直樹さんの仲間が撮影。

No.	Sweater Name
10	**K 2**

Commentary

石川さんにベースキャンプで一番派手な人になってもらおう、という目論見のもと、
スポーツウエアのイメージで色を組み立てて、襟を高くし、ジップをつけたら
カラフルなフリースのジャケットみたいなニットになりました。
一般的なフェアアイルでは色をグラデーションで使うことが多いのですが、
ここではあえてそれをやらずに、マジックインキで描いたような、
ぱきっと強い色使いで模様を出しました。
模様もエスニックなものを使いたいと思い、選んだのはアナトリアの靴下で編まれる柄です。
これらの中のいくつかには「butterfly（蝶）」、
「baklava slice（バクラヴァというお菓子のスライス）」といったかわいい名前が付いているんですよ。

帰国した石川さんとお会いした時に、このジャケットと再会しました。
日々テントで寝起きを共にしたという割には、ほつれなどもなく、ほっとしました。
表面が多少フェルト化しかかっているのが、よしよし、役に立ったんだね、という感じで、
編んだわたしとしては、ちょっと誇らしかったです。

それにしても、大変な遠征に行くのに
「セーターを持って行って現地で着てほしい、写真も撮ってきてほしい」などと、
厚かましいにもほどがあるでしょう、というようなお願いだったのですが、
「人が作ったものをキャンプ生活で着るのは気持ちが和む」、と快く引き受けてくださった石川さん、
本当にありがとうございました。
「高地で重たい荷物を運んでくれる『ヤク』が、動物の中で一番好き。
ヤクの毛で編んだセーターというのもいいですね」とおっしゃっていたので、
いいヤクの毛が手に入ったら、また編んで差し上げようと思っています。

セーターの名前は「K 2」。
気づいた時にはこの本の編集チームが決めていました。
世界で一番危険という、そんな山の名前を付けるのは大それてませんか、と言ってみたのですが、
名付け親たちは、いいじゃないですか、とニコニコ頷くばかりでした。

| 石川直樹さんのジャケット | 「K2」の編み図 |

毛糸……ジェイミソンズ　シェットランド スピンドリフト（25g玉巻・中細）　※色と糸量は右ページにあります。
用具……2号、4号4本棒針　4号80cm輪針
ゲージ……メリヤス編みの編み込み模様　29目×31.5段が10cm四方
オープンファスナー……長さ70cm（紺）
サイズ……胸囲101cm　着丈72.5cm　ゆき丈80cm

編み方

糸は1本どりで、指定の配色で編みます。

◎前後身頃
2号針で248目作り目し、2目ゴム編みを往復に編みます。4号針に替え、右前のスティークを巻き目で6目作り目します（p.140-A参照）。1段で280目に増し、左前のスティークを巻き目で6目作り目し、輪に編みます。メリヤス編みの編み込み模様を編みます。

◎袖
2号針で68目作り目して輪にし、2目ゴム編みを編みます。4号針に替え、76目に増し、メリヤス編みの編み込み模様を編みます。袖下中央で増しながら編みます。同じものを2枚編みます。

◎ヨーク
身頃と袖のそれぞれ両脇（★と☆）を休み目にし、スティーク、右前身頃、右袖、後ろ身頃、左袖、左前身頃、スティークの順に拾い、ラグラン線で減らしながら輪に編みます。右前のスティーク6目を伏せ止め、1段編み、左前のスティーク6目を伏せ止めにします。前衿ぐり左右のそれぞれに別糸を通して休み目にします。新しい糸2色で、右前衿ぐりのスティークを巻き目で6目作り目します（p.140-B参照）。右前の休み目の次の目から続けて減らしながら編み、左前衿ぐりのスティークを巻き目で6目作り目し、輪に編みます。右前衿ぐりのスティーク6目を伏せ止め、最終段を編み、左前衿ぐりのスティークを伏せ止め、糸を切ります。最終段は休み目にします。

p.138へ続く

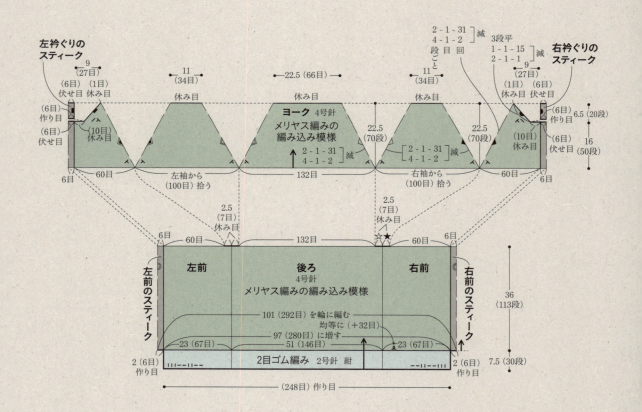

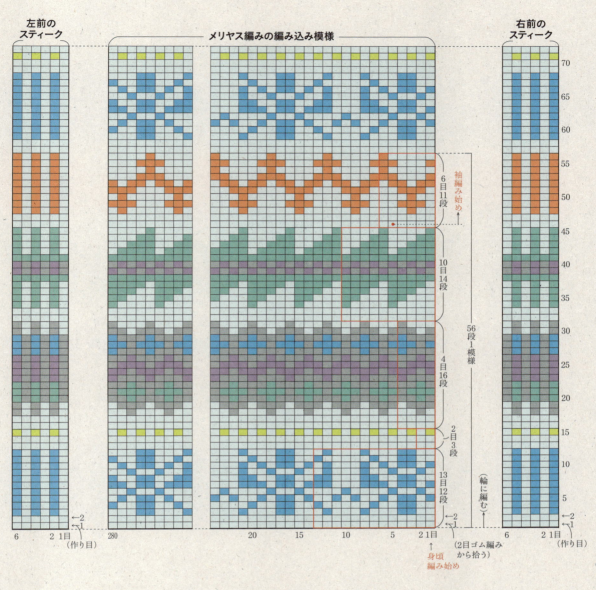
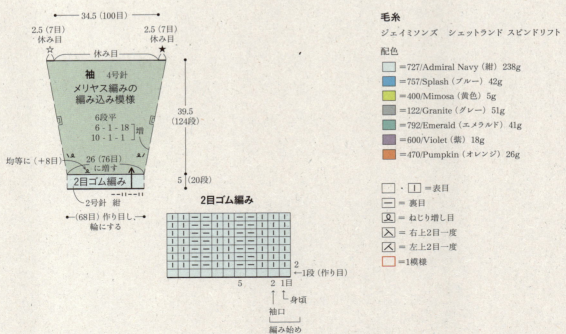

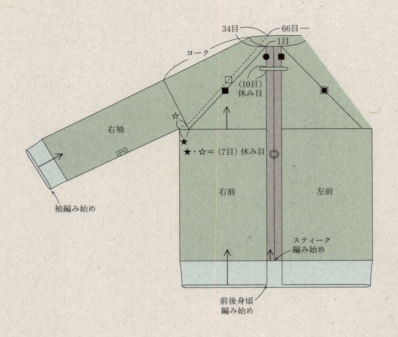

スティークの中央を切り開く

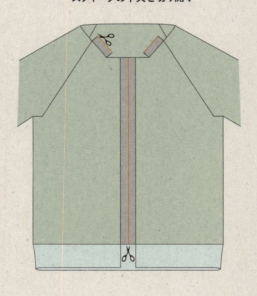

◎まとめ

スティークの中央を切り開きます（p.141-C参照）。衿は前後身頃と袖から指定の目数に減らしながら拾い目し（p.141-D参照）、1目ゴム編みを往復に編みます。編み終わりは伏せ止めにします。前立ては、裾と衿は端1目内側に針を入れて拾い目し、前身頃はスティークとの境目に針を入れて拾い目します（p.141-E参照）。2目ゴム編みを往復に編み、編み終わりは伏せ止めにします。スティークの始末（p.141-F参照）をします。★と☆の合印同士は、メリヤスはぎにします。

◎仕上げ

常温の水とおしゃれ着用洗剤で、押し洗いをしてよくすすぎ、ネットに入れて脱水します。好みのサイズに整えてから（幅を広げたり、丈を伸ばすなど）、日陰で平らに干します。ファスナーを前立ての長さ＋2cmでカットし、上端を2cm折り返して前立ての裏側に縫いつけます。

※縮ませて小さくするのは、風合いが変わるため、おすすめしません。

衿 1目ゴム編み 2号針 紺

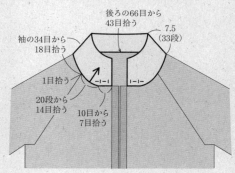

- 後ろの66目から43目拾う
- 7.5 (33段)
- 袖の34目から18目拾う
- 1目拾う
- 20段から14目拾う
- 10目から7目拾う

1目ゴム編み (衿)

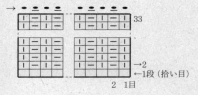

33
→2
←1段 (拾い目)
2　1目

2目ゴム編み (前立て)

8
→2
←1段 (拾い目)
5　2　1目

| = 表目
− = 裏目
● = 伏せ目
⊜ = 伏せ目 (裏目)

前立て 2目ゴム編み 2号針 紺

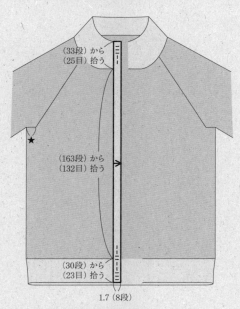

- (33段)から(25目)拾う
- (163段)から(132目)拾う
- (30段)から(23目)拾う
- 1.7 (8段)

※★・☆の合印同士はメリヤスはぎ

ファスナーのつけ方

(表)

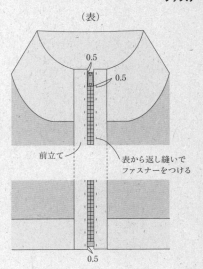

- 0.5
- 0.5
- 前立て
- 表から返し縫いでファスナーをつける
- 0.5

(裏)

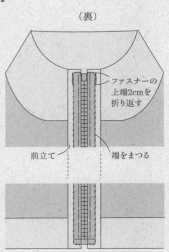

- ファスナーの上端2cmを折り返す
- 前立て
- 端をまつる

スティークの巻き目の作り方

*スティークとは、前あきや衿あきを作らず輪に編み、あとから切り開くための切り代のことです。

A 身頃中央のスティーク（1色で作る）

1 新しい糸で、糸端から5〜6cmのところに1目作り目します。

2 手前から向こう側に向かって2回巻きます。

3 1つめのループをつまんで、矢印のように針先にかぶせます。

4 かぶせたら、糸を引き締めます。2目めができました。

5 2〜4を繰り返して指定の目数を作ります。

B 衿ぐりのスティーク（2色で作る）

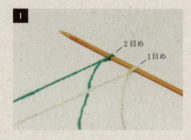
1 新しい糸で、糸端に1目作り目します。指定の配色で2目作ったところ。

2 3目めの糸を、手前から向こう側に向かって2回巻きます。

3 1つめのループをつまんで、矢印のように針先にかぶせます（Aの作り目の3、4と同じ）。

4 かぶせたら、糸を引き締めます。

5 4目めの糸を、手前から向こう側に向かって2回巻き、同様に作り目します。

6 指定の配色で作り目します。

スティークの目の拾い方と始末

*写真では、わかりやすいように糸の色を変えています。

C スティークを切り開く

スティークの中央に、はさみを入れます。

身頃を一緒に切らないように注意して、まっすぐ切り開きます。

衿ぐりのスティークも同様に切り開きます。

D 衿の1目ゴム編みの拾い目

右衿ぐりの休み目10目を棒針に移しておきます。糸をつけて、2目一度に減らしながら編みます。7目に減らします。

前衿ぐりから拾う部分は、スティークとの境目に針を入れ、糸をかけて引き出します。

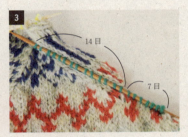
20段から14目拾ったところ。

E 前立ての2目ゴム編みの拾い目

裾の2目ゴム編みから拾う部分は、端1目内側に針を入れて拾い目します。衿から拾う部分も同様。

前身頃から拾う部分は、スティークとの境目に針を入れて拾い目します。

F スティークの始末をする

スティーク4目残して、端2目を切り落とします。

4目のうち2目を内側に折り、スティークの作り目の裏側から、とじ針を入れて2～3針まつります。

身頃の裏側の渡り糸とスティークの2目めの半目をすくって、1段ごとにまつります。

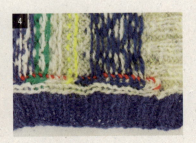
表にひびかないようにまつります。衿ぐりのスティークも同様に始末をします。

Essay

編みものと養生

「健康が一番だよ」とか、「体あっての仕事だよ」とか、祖母に嫌になるくらい聞かされて、

そのたび「はいはい」といい返事をしていた10代の頃は、何のことか全くわかっていなかったと思う。

自分は丈夫だと思っていたし、実際風邪より大きい病気をしたことがなかった。

不養生しても無理がきく、いい体質なんだと思っていた。

ところが20代の後半に子供を産んだ後で、あれー、と言う間に体調が崩れていった。

病院に行って症状を説明すると、「これ、治ると思わないでくださいね」と言われた。

ちょっとびっくりした。少しムッとしたとも思う。

でも落ち着いて考えると、つまりそれは「お医者さんには治せない」ということなのだ。

自分で養生して治そう、と思った。

図書館に行って「家庭医療」の棚を調べ、幕内秀夫さんやアンドルー・ワイル博士の本を借りた。

他にも良さそうな本は片端から読んだ。

読んで、書いてあることをやってみた。食べるものを変えて、運動した。

ほぼ半年で症状が消えた。病気になる前より元気になったことに気づいた。

自分に合った食べ物を食べて、ちゃんと代謝させるために運動をする。

休むべき時に休み、人としゃべって大いに笑う。

健康に暮らすために、大事なのはこういうことだとわかった。

編みものは、なかなか体力と気力のいる仕事で、だからこそ、

くたびれたと思ったら無理をしないことにしている。

編み続けて頭が重い、呼吸が浅いと思ったら、迷わずどてんと畳にひっくり返って、目を閉じる。

一瞬で眠る。目が覚めると呼吸が楽になっている。ぴょんと起き上がって仕事再開。

ひとところに座って編み針を握り続けるというのがそもそも、

あまり体にとってはうれしくないことだろうという気がするから、合間に小さな運動をする。

太極拳のこともあれば、ヨガのこともあるけれど、今気に入っているのはスクワット。

好きなポップミュージックを5曲聞く間、腕を前に伸ばし、わっしわっしと足腰を曲げ伸ばしする。

全身に酸素が回る感じがすごく気分がいい。

通りかかる家族はじーっと見ていくけれど、気にしない。

エゾシカか何か、森の獣が見ているよ、と思えば気にならない。

1日の仕事が全部終わって夕飯を食べたら、50分くらい歩く。

古利根川の川辺を、湿った空気を吸いながら腕を振って歩く。

固まっていた腕と胸がほぐれる。

外の景色を見れることがうれしい。

北で雷が光ってる。高校生のカップルが道端に腰掛けて、携帯を見せあってる。

信号の角でクチナシが咲いているから匂いを嗅ぐ。

うちに帰ったらお風呂に入って、家族にマッサージしたりしてもらったりして、

あとはぼーっとした人になって、眠る。

わたしの養生は、こんな感じです。

No.	Name
11	平 武朗

His requests

- フード付きのパーカーのようなセーターがほしい。

- 「マリーン」なデザインが好きなので、なんとなくその雰囲気があるとうれしい。

- 全体のフォルムは、体に沿う感じで。腕の部分も太くなく、でも長さはゆったり。

- リブ（裾）を、すごく幅広くしてほしい。

- 着心地のいい感じ。

- パーカー以外だったら、太い毛糸でざっくり編まれたカウチンでもいい。

Profile

平 武朗　Taira Takeaki

ファッションデザイナー。2006年より、ブランド「desertic」をスタート。ヴィンテージセーターを再構築したり液体をモチーフにしたラインにより異素材を組み合わせることで、過去のものをモダンで普遍的なセンスにデザインする人気クリエーター。自身のフラッグショップを拠点に、全国のセレクトショップで展開中。

代表的なデザイン、「Liquid Knit」シリーズのパーカー。ヴィンテージセーターから切り出した素材で作るため、一着ごとに表情が異なる。

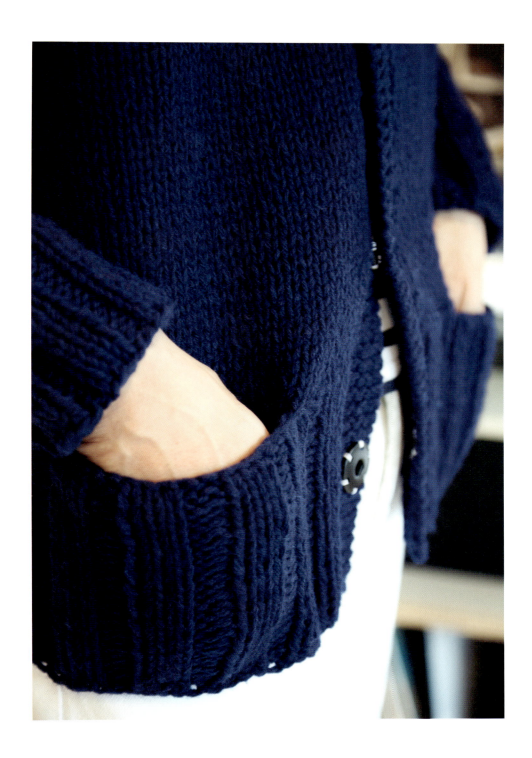

149

スタイリング：平武朗・著者
ヘアメイク：市瀬ひとみ
協力：desertic http://www.desertic-tokyo.com
P148の人物：著者

No.	Sweater Name	
11		**Ken & Midge**

Commentary

ニットパーカーか、カウチンがいい、と平さん。
じゃあカウチンを作らせてください、とわたし。

「カウチンは編み込み柄が入っているのが普通だけど、
　あえて無地にしてもらうっていうのでもいいですか」
「アンバランスなくらい大きいボタンとか、かわいいですよね」
「マリンな色というと、ネイビーとか？」
「重いのは構いません」

やはりデザイナー、すごく具体的で、少し話し合っているうちに細かい仕様まで決まりました。
採寸もして、あとは編むだけ。
無地ではあるけれど、ガーターの襟やラグラン線を強調した減らし目、ポケット付けなど、
楽しいポイントがいろいろとあります。
太い糸と針でもっくもっくと編むので、あっという間に出来上がりました。
……で、着ていただいたのですが、なんと、小さい。
わー、ごめんなさい！
というわけで、もう一枚編みました。今度は大丈夫。

このようにして、おまけの一枚が生まれました。
平さんのが男性Lサイズくらい、小さい方は、女性のL〜男性のMサイズくらいと
お考えいただければ、と思います。

ローゲージの編み地と大きなボタンが人形の服みたいなので、
名前はバービー人形の友達にあやかってつけました。
大きい方がKen（ケン）で、小さい方がMidge（ミッヂ）です。

ところで、deserticといえば、の「リキッドニット」のデザイン。
どうやって生まれたのかずっと知りたかったのですが、この機会に聞くことができました。

「『Liquid Knit』という言葉がまず浮かんだんです。
　それでニットの技術担当の人に
　『ニットが垂れているような』とか、『ニットをかけられちゃったみたいなイメージ』って
　伝えたんだけど、いまいち伝わらなかった。
　じゃあ、って風呂場に行って、服を着たままシャワーを頭からかぶって、
　シャツの上半分がダラーって濡れてるのを見せて、『こんな感じ』って」

リキッドニット誕生秘話、最高だと思います。

| 平武朗さんのジャケット（大） | 「Ken」の編み図 |

毛糸……Miknits　アラン（極太）　紺　1100g
用具……15号2本棒針
ゲージ (2本どり)……メリヤス編み　12目×18段、
　　　　　　　　　　ガーター編み　12目×24.5段が10cm四方
スナップボタン……直径3cmを5組（黒）
サイズ……胸囲115cm　着丈75cm　ゆき丈79.5cm

編み方

糸は2本どりで編みます。

◎後ろ
62目作り目し、変わりゴム編みを編み、1段めで68目に増してメリヤス編みを編みます。ラグラン線は図のように減らしながら編みます。2目ゴム編みを編み、後ろ衿を図のように増しながらガーター編みで編みます。編み終わりは伏せ止めにします。

◎ポケット裏
17目作り目し、メリヤス編みを編みます。編み終わりは休み目にします。同じものを2枚編んでおきます。

◎前
32目作り目し、変わりゴム編みを編みます。27段めはポケット口の17目を前段と同じ記号で編んで伏せ止めにし、最後まで編みます。メリヤス編みの1段めでポケット口まで編んだら、ポケット裏の休み目を拾いながら編みますが、図のように34目に増しながら編みます。ラグラン線、衿ぐりを減らしながら編みます。左右対称に2枚編みます。
p.155へ続く

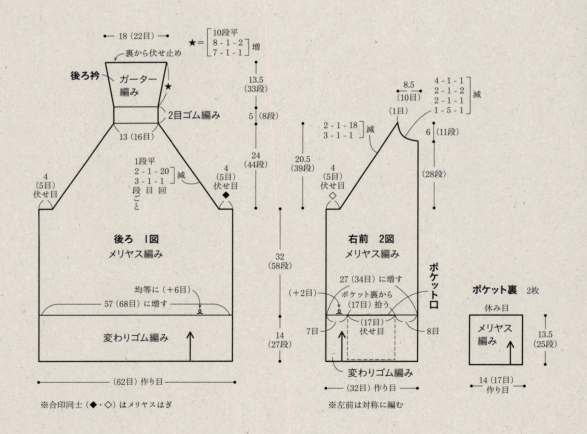

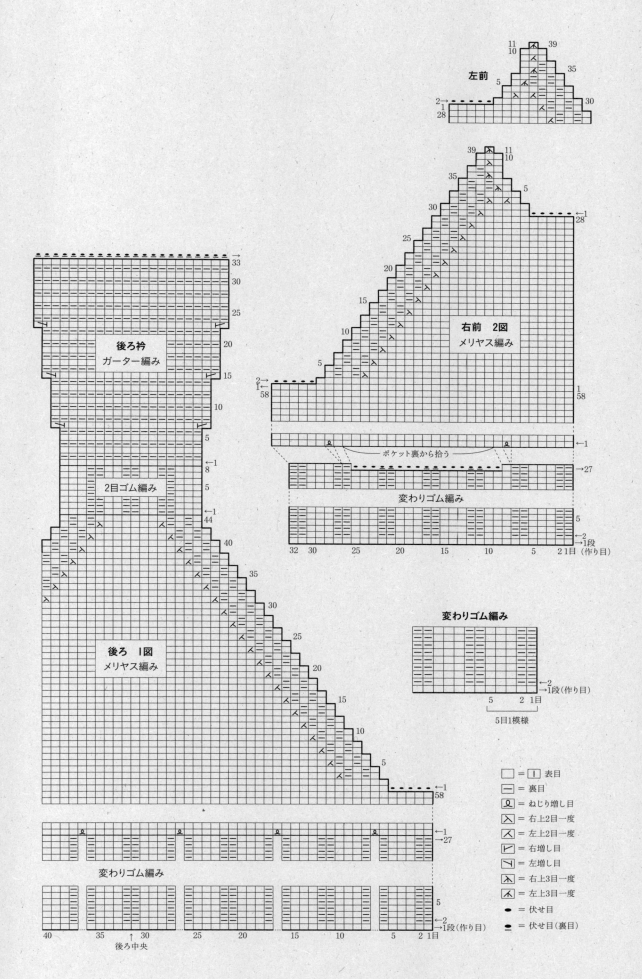

次ページに続く

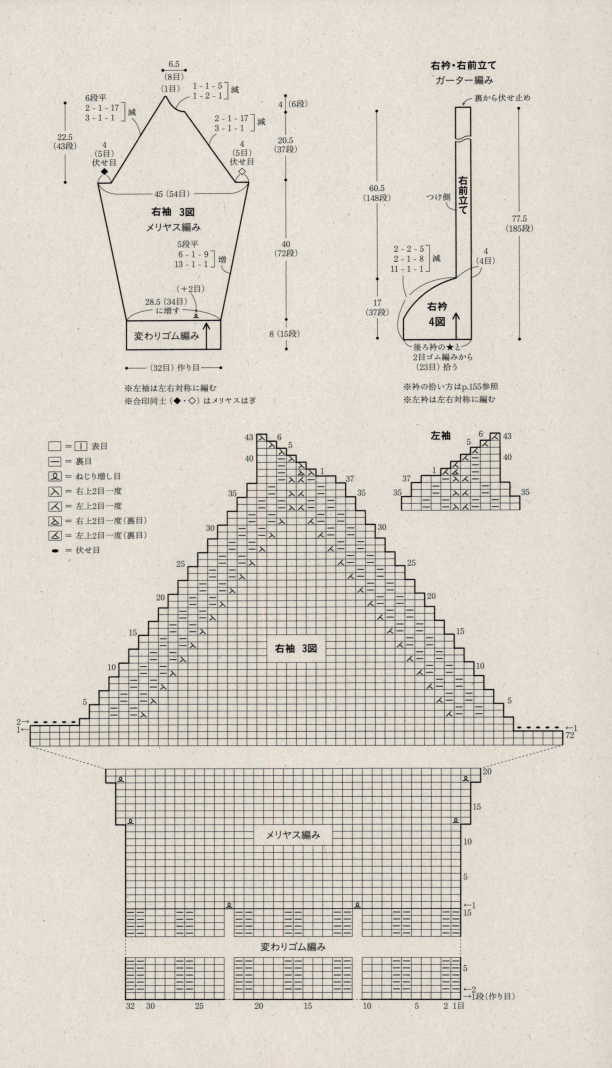

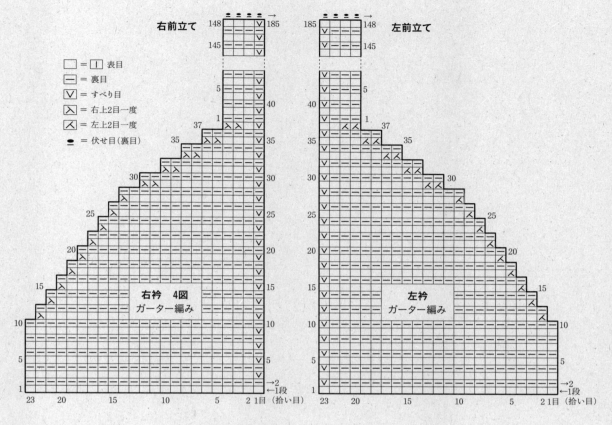

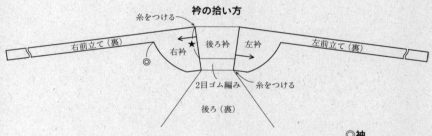

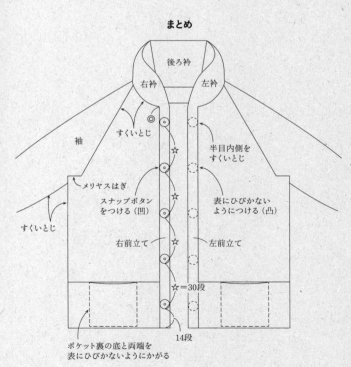

◎袖

32目作り目し、変わりゴム編みを編み、1段めで34目に増してメリヤス編みを編みます。袖下は両端で増しながら編みます。袖山は図のように減らしながら編みます。左右対称に2枚編みます。

◎衿・前立て

後ろ身頃の裏側を手前に、後ろ衿の★と2目ゴム編みから拾い目します。ガーター編みで編み、前端側の1目めをすべり目にします。図のように減らしながら編みます。続けて前立てを編み、編み終わりは伏せ止めにします。左右対称に編みます。

◎まとめ

脇、袖下、ラグラン線をすくいとじ、合印同士をメリヤスはぎにします。前立ては半目内側をバランスよくすくいとじにします。ポケット裏は、表にひびかないように身頃の裏側にかがります。スナップボタンを前立ての指定位置にボタンつけ糸でつけます。

| 平武朗さんのジャケット（小） | 「Midge」の編み図 |

毛糸……ジェイミソンズ　シェットランド　スピンドリフト（25g玉巻・中細）　紺（710/Gentian）712g
用具……13号、11号2本棒針
ゲージ（3本どり）……メリヤス編み　15目×20段、
　　　　　　　　　　　ガーター編み　13.5目×27.5段、
　　　　　　　　　　　変わりゴム編み　13.5目×23.5段が10cm四方
スナップボタン……直径3cmを4組（黒）
サイズ……胸囲101cm　着丈68.5cm　ゆき丈75.5cm

編み方

糸は衿・前立ては4本どり、それ以外は3本どりで編みます。

◎後ろ
11号針で67目作り目し、変わりゴム編みを編みます。13号針に替え、1段めで74目に増してメリヤス編みを編みます。ラグラン線は図のように減らしながら編みます。2目ゴム編みを編み、後ろ衿を図のように増しながらガーター編みで編みます。編み終わりは伏せ止めにします。

◎ポケット裏
11号針で20目作り目します。変わりゴム編みを編み、編み終わりは休み目にします。同じものを2枚編んでおきます。

◎前
11号針で33目作り目し、変わりゴム編みを編みます。42段めはポケット口の20目を前段と同じ記号で編んで伏せ止めにし、最後まで編みます。13号針に替え、メリヤス編みでポケット口まで編んだら、ポケット裏の休み目を拾いながら編みます。ラグラン線、衿ぐりを減らしながら編みます。編み終わりは伏せ止めにします。左右対称に2枚編みます。
p.158へ続く

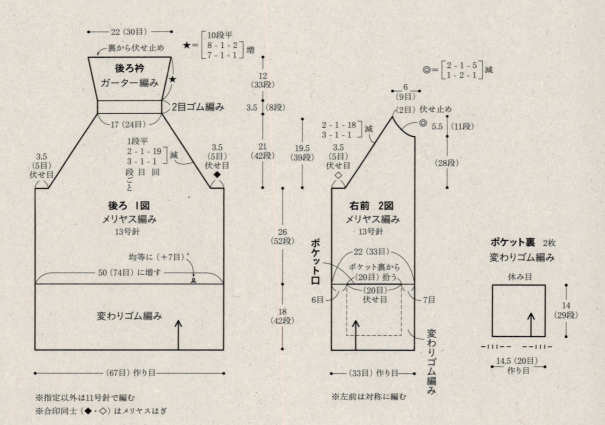

※指定以外は11号針で編む
※合印同士（◆・◇）はメリヤスはぎ

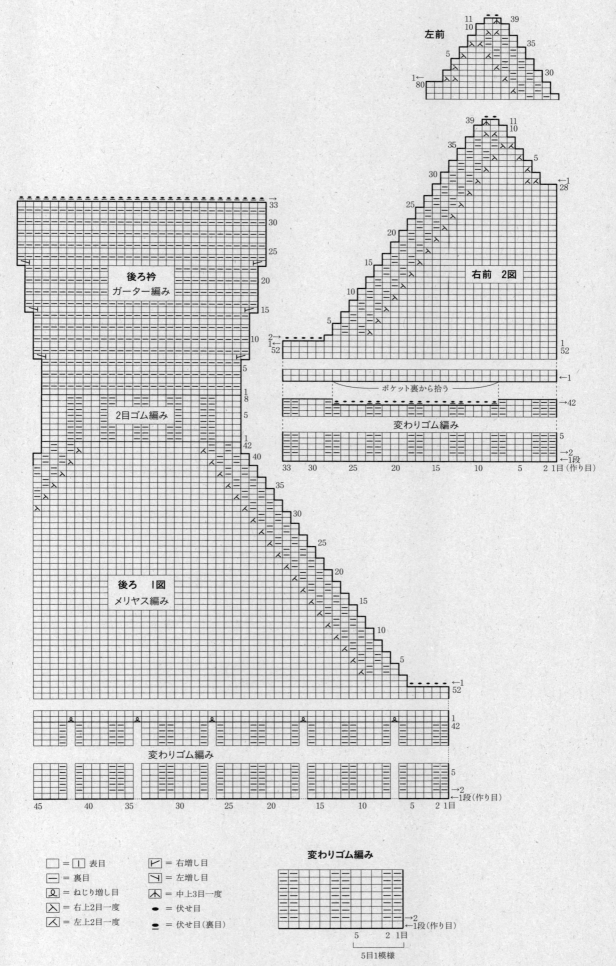

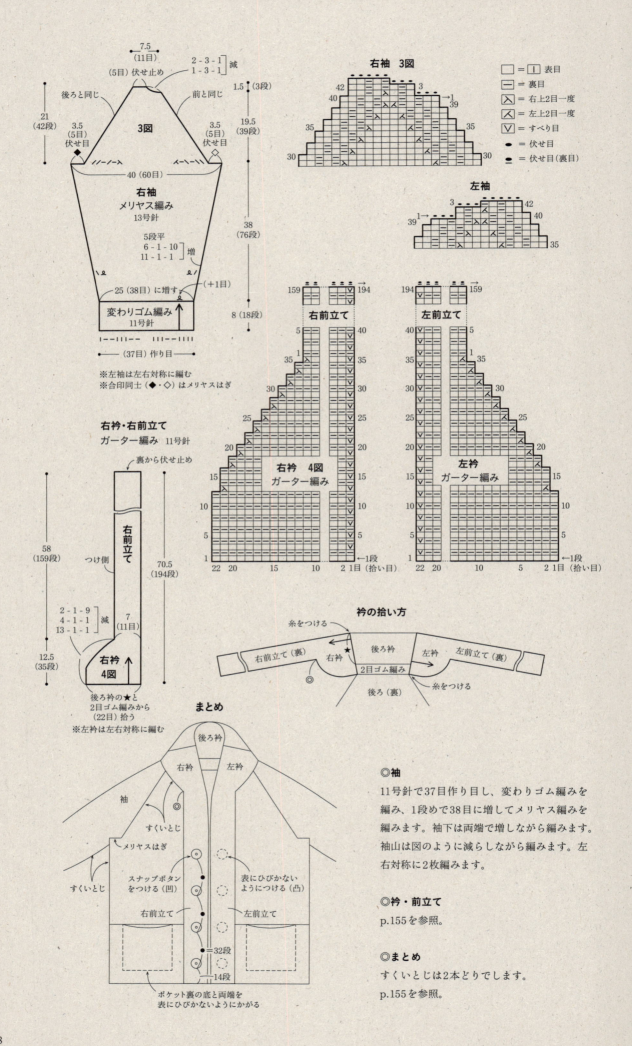

No.	Name
12	塩川いづみ

ひとりひとりにリクエストをうかがってから、
その人にとっての「うれしいセーター」を編むのが
本書の趣旨です。
ところがこのセーターだけは、
その趣旨と異なる経緯で世に生まれました。

まず最初に、セーターを編んだのです。

出来上がったセーターを眺めて、
これに似合う人をイメージして、
思い浮かんだのが……
イラストレーターの塩川いづみさんでした。
きっと彼女は、かわいく着こなしてくれそう。
彼女はこれを、うれしく思ってくれそう。
そんなイメージが広がりました。

一方的に差し上げたので、
塩川さんからのリクエストはありません。

Profile

塩川いづみ　Shiokawa Izumi

イラストレーター。長野県生まれ。多摩美術大学グラフィックデザイン科卒。2007年よりフリーランスで活動を始める。ファッション、エディトリアル、広告、CDジャケットなど、様々な分野で活動するほか、個展などで積極的に作品を発表し続けている。

この本のために描き下ろされた、
キャンディーのイラストレーション。

スタイリング：塩川いづみ
ヘアメイク：市瀬ひとみ
協力：ルカフェデュボンボン

No.	Sweater Name	
12	**bonbon**	

Commentary

線はゆらゆらしている。なのに力強い。

雑誌をめくっていて塩川さんのイラストに出会うと、小さなカットでも、引き込まれて見つめてしまう。

じっと見ていても、目が慣れていかない。

安易なかわいらしさがないというのも、時間をかけて見ていられる理由の一つだと思う。

こんな絵を描く塩川さんは、どんな人でしょう。

お会いすると佇まいが静かで、ほのぼのとチャーミングな女性ですが、

好奇心にまかせて少しばかり質問をしてみました。

Q　塩川さんは、するする～っと絵を描かれますよね。

　　小さい頃からそうだったのでしょうか？

　　塩川さんの子供の頃の、絵にまつわるエピソードがありましたら、お聞かせいただけますか。

A　小さい頃からそうだったと思います。

　　絵が上手な子になってほしいという思いで、

　　母は私の近くにいつも紙とペンを置いていたらしく、自然にいつも何か描いていました。

　　ボールペンを歯固めがわり？に噛んでもいたらしく、プラスティック部分が

　　噛んだスルメ状態になったボールペンを後から見せられたときはちょっと怖くなりました（笑）。

　　何本も変形していたので。

Q　塩川さんは楽しそうに服を着てる方だな、と思うのです。

　　服を着る、あるいは選ぶことについて、思うことがあれば教えてください。

A　お洋服が好きです。

　　今日なりたい自分像をイメージしながら服を決める朝は、さながら役者になった気分でいます。

Q　塩川さんは動物のようだ、と思います（勝手なことばかり言ってすみません）。

　　たとえば次、猫に生まれてくるとしたら、どんな柄だといいと思いますか？

A　動物みたいかはわかりませんが……

　　もし猫だったとして、柄を希望できるなら、耳の先から尻尾の先まで真っ黒な黒猫がいいです。

　　暗闇で目しか見えないような。夜が好きなので夜色でいたい。

ありがとうございます、塩川さん。聞いてよかった、満足しました。

さて、このセーターは「編みたくて編んでしまった、できてしまってから着てくれる人を探した」

例外的な成り立ちの一枚です。

編みあがって、誰に着てもらおうかと思い巡らした時、真っ先に浮かんだのが塩川さんでした。

「さながら役者になった気分で」装うという言葉の通り、やはりというかさすがというか、

この寸づまりな丈のセーターを、確信犯的に着こなしてくださいました。

このセーター、ミトンの手のひらでよく使う斜めストライプの模様が好きで、

いっそそれだけ使ってセーターを編んでみたい、という思いつきから生まれました。

ゆるいゲージでふわふわくにゃくにゃ、軽い、綿飴みたいな編み地です。

単純な柄ですが、裏を見て編み込みする部分もあるので、

安定したゲージで編めるまで少し慣れが必要かもしれません。

名前はbonbon。

小柄な塩川さんが、まるでキャンディーの包み紙に包まれているように見えたから、です。

塩川いづみさんのセーター　「bonbon」の編み図

毛糸……リッチモア　スペクトルモデム（40g玉巻・極太）　ベージュ（2）246g
　　　　　エクセレントモヘア〈カウント10〉（20g玉巻・極細）　紺（91）61g
用具……10号、8号4本棒針
ゲージ……メリヤス編みの編み込み模様A・B　19目×21.5段が10cm四方
サイズ……胸囲94cm　着丈50.5cm　ゆき丈67cm

編み方

糸はベージュは1本どり、紺は2本どりで編みます。

◎**後ろ・前**
8号針で140目作り目し、2目ゴム編みを輪に編みます。10号針に替え、1段めで180目に増し、メリヤス編みの編み込み模様Aを輪に編みます。前後90目ずつに分けて、両端を巻き目で増しながら往復に編みます。衿ぐりは中央を休み目にし、左右を減らしながら編みます。肩は引き返し編みで編み、編み終わりは休み目にします。肩を中表にし、ベージュでかぶせはぎにします。

◎**袖**
10号針で前後身頃から指定の配色で72目拾い目し、メリヤス編みの編み込み模様Bを輪に編みます。袖下中央（編み始めと編み終わり）で減らしながら編みます。袖口は1段めで52目に減らしながらの2目ゴム編みを輪に編みます。編み終わりは2目ゴム編み止めにします。

◎**まとめ**
衿ぐりから拾い目し、2目ゴム編みを輪に7段編みます。編み終わりは2目ゴム編み止めにします。

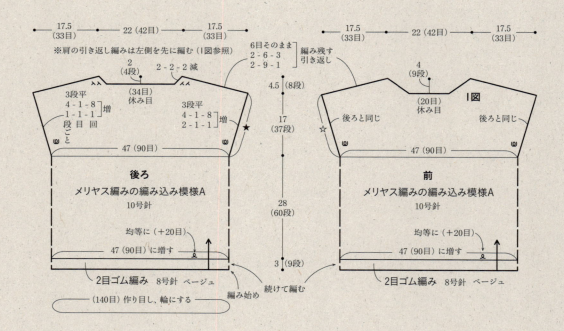

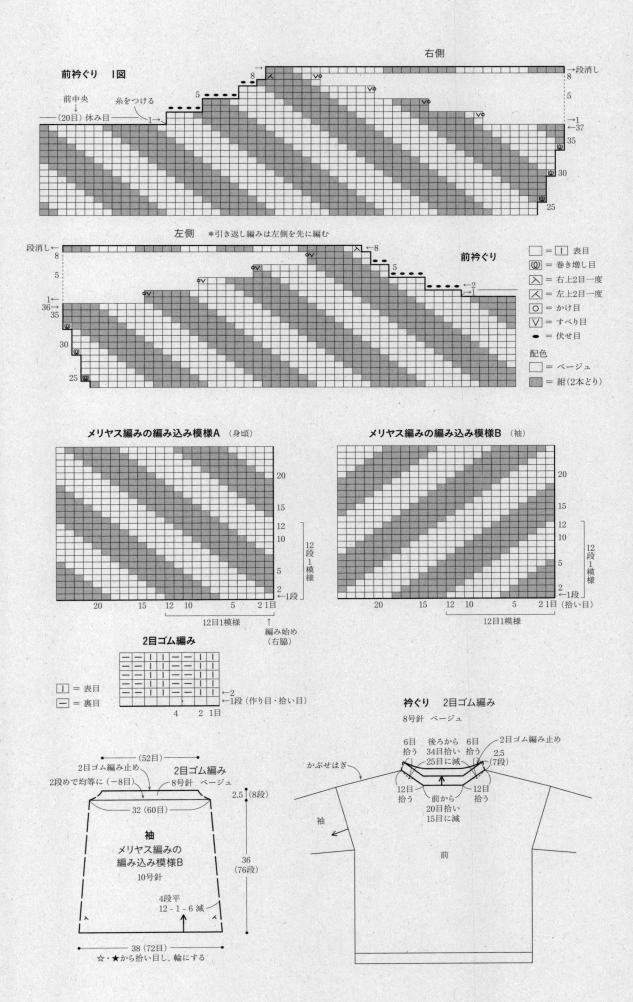

Essay

祖母

おばあちゃん子だった。
恰幅のいい祖母のおしりの後ろをいつもついてまわっていた。
大正生まれの祖母は、山村の政治家の家から平地の助役の家に嫁いだ人で、
とは言え贅沢なことには縁もなく、夫の始めた牛乳屋を助けて、
朝4時からトラックを運転して牛乳を配っていた。

わたしは保育園に行くのは嫌で仕方なかったが、祖母の配達について行くのは好きだった。
「ぼろーはーきーててーも、こーころのーにしきー、
　どんーなはーなよーりきーれいだあよおーー」
という歌をトラックの中で一緒に歌った。
おばあちゃんはおんちだなあ、と思った。
でもそれはそれで、よきことだった。
我々はツーカーだったし、意味はわからなかったけれど、一緒に歌っていると心が晴れ晴れした。

祖母はわたしをお客に紹介する時、
「この子は活発な子でごぜえますすけ、末は外交官になりやすんで」と言った。
その間、わたしは祖母のおしりの陰にぴったりくっつき、
早くその知らない人が帰ってくれることだけを願っていた。
ポジティブ・シンキングというやつだったのだろうか？
それとも単なる願望だったのか。
どちらにしても祖母は、自分の理想とはかけ離れた引きこもり系の孫を、
何かにつけ気にかけては、引き立てようとしてくれた。
近所に同じくらいの小さい子がいると聞けば、連れてきて一緒に遊ばせてくれたし、
誕生日になるとそれらの子たちを集めて、お祝い会をしてくれた。

保育園で「切り絵」の展覧会をした時、祖母も見に来た。
わたしのは、紫と青と水色の色紙を、小さく切り貼りして描いた紫陽花だった。
じーっと見ていた祖母はわたしに向き直り、
「まりちゃん、こんな素晴らしい絵を見せてもらって、わたしはもういつ死んでもいいです」
と、標準語で言った。
祖母の言い方にびっくりしたせいか、
それが、わたしにとって、自分が作った物が人に喜ばれた最初の記憶になった。

そんなにしてくれる祖母を、わたしも喜ばせたかった。
祖母の誕生日が来るたびに、なにが欲しいか聞いた。
なんにもいらねよ、と決まって祖母は言った。
「どうして？」
「もうなんでも持ってるすっけ」
そうか、と思った。
そう言われたら引き下がるしかなかった。

月日は過ぎ、わたしは東京の人になった。
結婚して、暮れに新潟に帰った時のこと。
夕飯の席で祖母は、向かいに座ったお婿さんが変わったセーターを着ているのを目ざとく見つけた。
紺地に多色の編み込みの入ったフェアアイルセーターだった。
「まんず、はあ、綺麗だこと、まりちゃん、おめさんが編んだんだかね？」
そうだよ、と答えると祖母はまた、はあー、と深く息をついた。
次の朝、祖母はわたしに、あのセーターの夢を見たと言った。

ようやく祖母が欲しいものを、わたしからあげられる時が来たのだった。
新たに編めば一番良かったのだろうけれど、
その年の展示で売れ残った、男性物のフェアアイルのベストが一枚あった。
モスグリーンの地に緑や薄紫の配色が我れながらうまく行き、
なぜ売れなかったのかと不思議に思っていた一枚だった。
男性サイズなので、身幅はふくよかな祖母にちょうどよく、お尻が半ば隠れる丈も、
前開きなのも、日常に着る物として好ましいのではないかと思った。

東京に戻り、ベストを送った。
翌日、祖母から電話があった。
声が弾んでいた。何もかもちょうどよく、色合いも素晴らしいと。
あんまりもったいなくて着られない、とも。

後で母から聞いたことには、そのベストは、最初のうちこそよそ行きだったけれど、
そのうち毎日着るようになり、次第にくたびれていったらしい。
うれしかった。
祖母にしてあげたことは他になんにもないから、
そんなふうに着てもらえて、ほんとにありがたかったと思う。

編み図の読み方

製図の見方

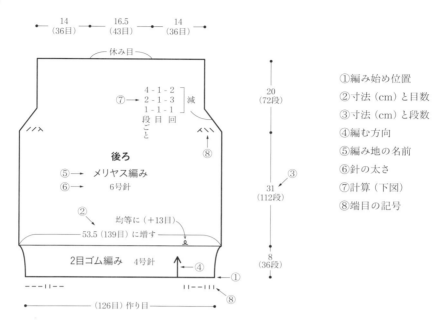

① 編み始め位置
② 寸法（cm）と目数
③ 寸法（cm）と段数
④ 編む方向
⑤ 編み地の名前
⑥ 針の太さ
⑦ 計算（下図）
⑧ 端目の記号

記号図の見方

記号図は編み地を表から見たときの目の状態を表示しています。
矢印が右から左（←）の段は、編み地の表側を見て、記号図どおりに編みます。
左から右（→）の段は、編み地の裏側を見て、記号図と逆（表目は裏目、裏目は表目）を編みます。
記号図上は表側を編むときは右から左へ向かい、裏側を編むときは左から右に向かいます。

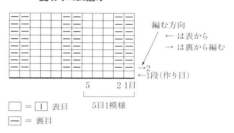

計算を記号図で表した場合

1目の減らし目（2目立てて減らし目）

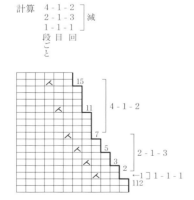

「1-1-1」は1段めで1目減らします。
「2-1-3」は2段めで1目減らすことを3回繰り返します。「2目立てて減らす」とは、端の2目が立った状態のこと。ラグラン線を強調したい場合や、端の目をとじ代とする場合に、とじやすくするために使います。

2目以上の減らし目（伏せ目）

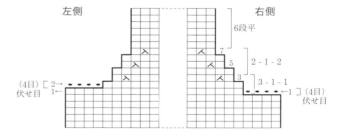

2目以上の減らし目は、糸のある側で伏せ目をしていくので、右と左では1段ずれます。
右端は1段めで伏せ目をしますが、左端は2段めの裏側で伏せ目をします。1目の減らし目は左右同じ段（表側）でします。

棒針編みの基礎

この本に掲載されている作品を編むために必要なテクニックを解説します。

作り目

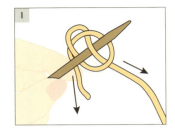

1. 糸でループを作って結び、左針に通して引き締め、1目を作ります。

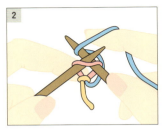

2. 右針を1目めに入れ、糸をかけます。

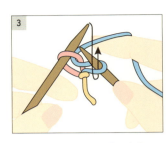

3. 糸を引き出し、左針に移します。

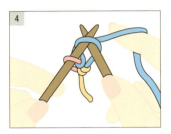

4. 移した目（青の目）が2目めになります。右針は抜かないでおきます。

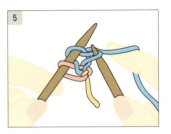

5. 2、3と同様に糸をかけて引き出し、左針に移します。

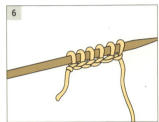

6. 必要な目数を作ります。1段めとかぞえます。

別鎖の作り目

※作り目はあとからほどきます。別鎖は編み糸に近い太さの毛羽の少ない糸を使います。

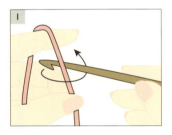

1. かぎ針を糸の向こうから矢印のように回転させます。

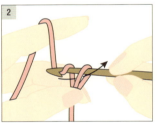

2. 交差している部分を押さえて、矢印のように糸をかけて引き抜きます。

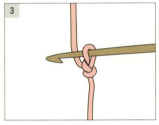

3. 引き締めます。鎖の作り目ができました。これは1目とかぞえません。

4. 矢印のように「糸をかけて引き抜く（鎖編み）」を繰り返します。鎖編みはゆるい目で作ります。

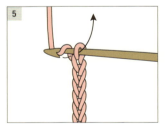

5. 必要目数より2〜3目多く編み、糸端を5cmくらい残して糸を切ります。最後は矢印のように糸をかけて引き抜きます。

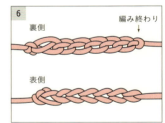

6. 鎖編みが編めました。鎖の表側と裏側です。

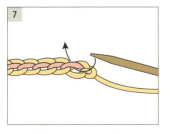

7. 鎖の編み終わりの裏山に棒針を入れ、編み糸をかけて引き出します。

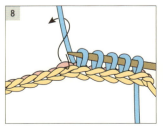

8. 1山から1目ずつ必要な目数を拾います。

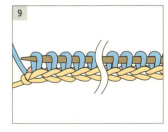

9. これを1段とかぞえます。

別鎖から拾う方法

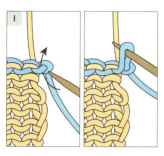
鎖の編み終わり側の裏山に棒針を入れます。糸端を引き出します。

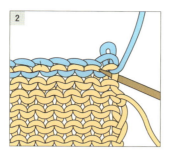
作り目の鎖目をここまでほどきます。端の目に棒針を入れます。

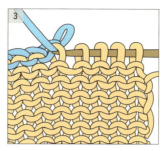
拾い目をしながら鎖目をほどいていきます。

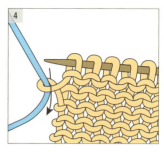
最後の1目を矢印のように入れて拾います。

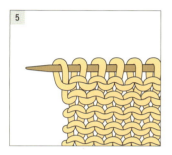
拾い終わったところです。

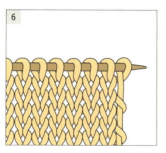
棒針にかかっている目数が、作り目数と同じ目数になっていることを確認します。

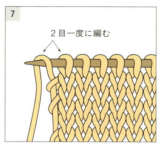
左端の目を編むときは、糸端を棒針にかけ、右隣の目と2目一度に編みます。

｜ 表目

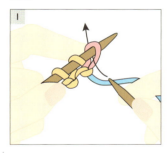
矢印のように左針の目に手前から向こうに右針を入れます。

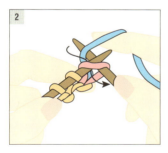
右針に糸をかけ、矢印のように引き出します。

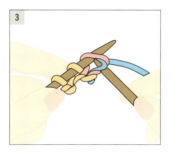
引き出したら、左針から目をはずします。

1目編めました。

― 裏目

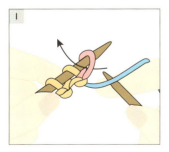
糸を手前におき、左針の目に向こうから手前に右針を入れます。

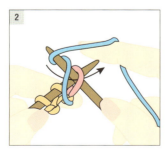
右針に糸をかけ、矢印のように引き出します。

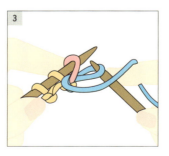
引き出したら、左針から目をはずします。

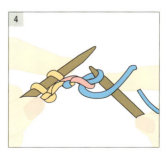
1目編めました。

◯ かけ目

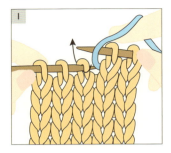
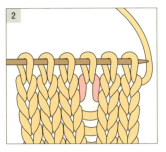

右針の手前から向こうに糸をかけます。次の目以降を編みます。

1でかけた目がかけ目になります。次の段を編むとかけ目のところに穴があきます。

Ⅴ すべり目

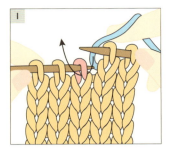
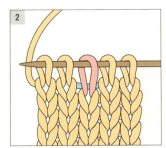

糸を向こうにおき、右針を矢印のように入れ、編まずに右針に移します。次の目以降を編みます。糸は裏側に渡ります。

すべり目をした目は前段の目が引き上がって見えます。
※裏段のすべり目は糸を手前におき、同様に編みます。

ℚ ねじり目（表目）

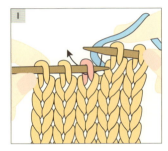
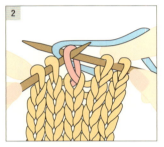
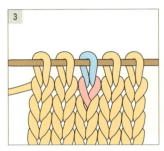

右針を矢印のように向こうから入れます。

糸をかけて手前に引き出します。

1段下の目がねじれます。

ℚ ねじり目（裏目）

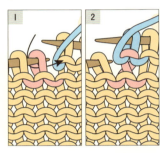

右針を矢印のように入れ、裏目を編みます。1段下の目がねじれます。

ℚ ねじり増し目（表目）

ねじり増し目（裏目）は、1で渡り糸を引き上げたあと、ねじり目（裏目）で編みます。

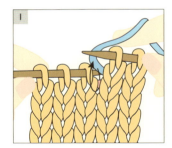
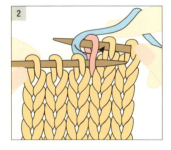
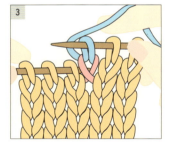

目と目の間の渡り糸に矢印のように右針を入れます。

左針を入れ、右針に糸をかけて矢印のように編みます。

1目増して1段下の目がねじれます。

ⓌW 巻き増し目（巻き目の作り目）

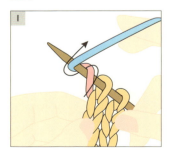
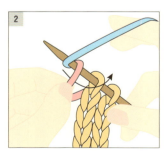
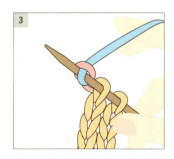

矢印のように（反時計回りに）右針に糸を2回巻きつけます。

2回巻きつけたうちの根元の方の糸をつまんで、矢印のように右針をくぐらせます。

くぐらせた糸を引き締めます。1目増して、巻き増し目が編めました。
※巻き目の作り目は段の終わりでします。

右上2目一度（表目）

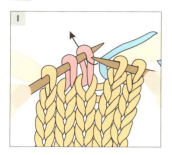  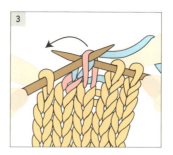 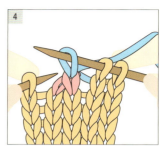

右針を手前から入れ、編まずに移します。 | 次の目を表目で編みます。 | 2 で編んだ目に、1 で移した目をかぶせます。 | 右の目が左の目の上に重なり、1目減りました。

左上2目一度（表目）

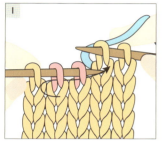 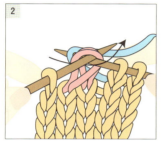 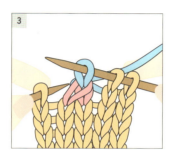

右針を矢印のように2目一度に入れます。 | 右針に糸をかけて2目一度に表目を編みます。 | 左の目が右の目の上に重なり、1目減りました。

右上2目一度（裏目）

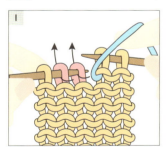 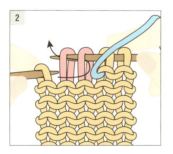 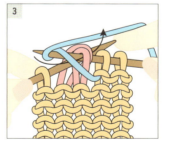 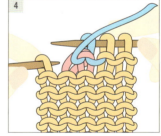

右針を手前から入れ、編まずに順に移します。 | 移した2目に左針を矢印のように2目一度に入れます。 | 右針を向こうから入れ、糸をかけて2目一度に裏目を編みます。 | 右の目が左の目の上に重なり、1目減りました。

左上2目一度（裏目）

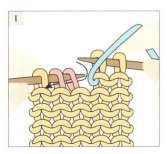 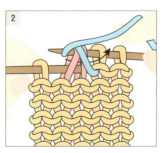 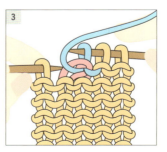

右針を矢印のように2目一度に入れます。 | 右針に糸をかけて2目一度に裏目を編みます。 | 左の目が右の目の上に重なり、1目減りました。

右増し目（表目）

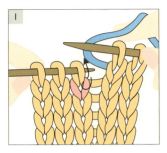 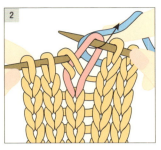 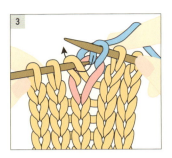 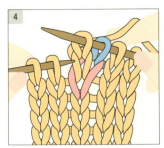

1段下の目を矢印のように右針ですくいます。※1段下の目が裏目でも同じようにすくいます。

1ですくった目を表目で編みます。

左針にかかっている目を表目で編みます。

右側に1目増して、増し目が編めました。

左増し目（表目）

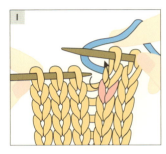 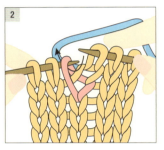 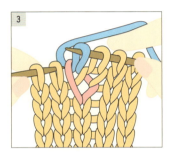

2段下の目を矢印のように左針ですくいます。

1ですくった目を表目で編みます。

左側に1目増して、増し目が編めました。

右増し目（裏目）

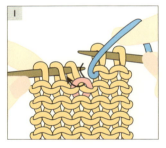 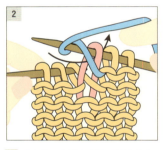 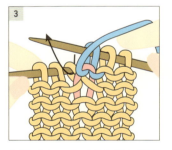 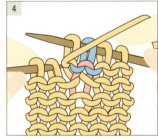

1段下の目を矢印のように右針ですくいます。※1段下の目が表目でも同じようにすくいます。

1ですくった目を裏目で編みます。

左針にかかっている目を裏目で編みます。

右側に1目増して、増し目（裏目）が編めました。

左増し目（裏目）

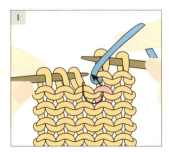 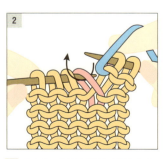 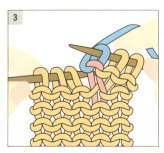

2段下の目を矢印のように左針ですくいます。

1ですくった目を裏目で編みます。

左側に1目増して、増し目（裏目）が編めました。

● 伏せ目（表目）

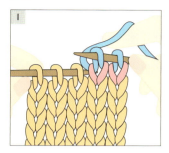
端から2目を表目で編みます。

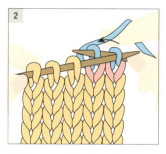
矢印のように1目めを2目めにかぶせます。

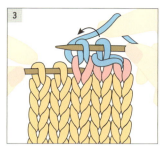
次の目を表目で編み、右隣の目をかぶせます。

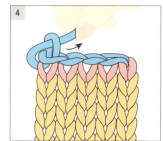
3 を繰り返し、最後の残った目に糸端を通して目を引き締めます。

● 伏せ目（裏目）

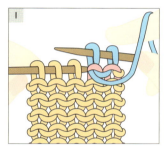
端から2目を裏目で編みます。

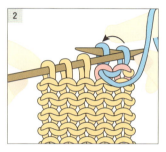
矢印のように1目めを2目めにかぶせます。

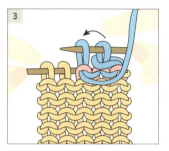
次の目を裏目で編み、右隣の目をかぶせます。

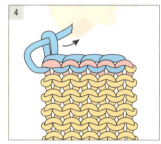
3 を繰り返し、最後の目に糸端を通して目を引き締めます。

✕ 右上1目交差

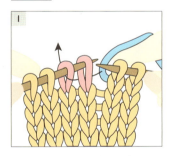
糸を向こうにおき、右針を向こうから1目とばして、次の目に矢印のように入れます。

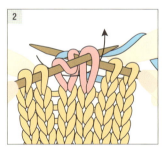
糸をかけて、矢印のように引き出します。

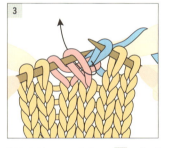
編んだ目はそのままで、1 でとばした目に右針を入れ、糸をかけて表目を編みます。

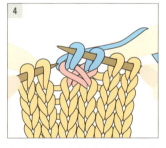
左針の2目をはずします。右側の目が上に交差し、右上1目交差が編めました。

✕ 左上1目交差

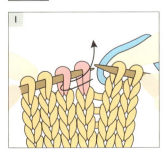
糸を向こうにおき、1目とばして、次の目に矢印のように右針を入れます。

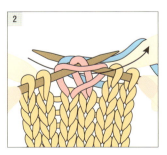
糸をかけて、矢印のように引き出します。

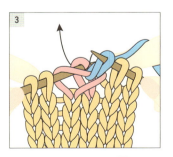
編んだ目はそのままで、1 でとばした目に右針を入れ、糸をかけて表目を編みます。

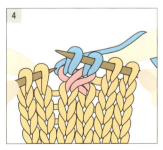
左針の2目をはずします。左側の目が上に交差し、左上1目交差が編めました。

右上2目交差

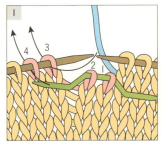 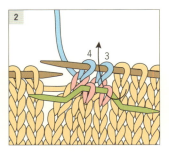 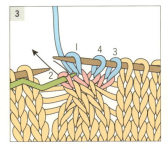 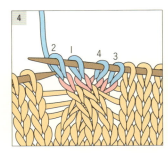

1と2の目になわ編み針を通して手前に休めます。3と4の目を表目で編みます。 | 表目2目が編めたところ。 | 休めておいた1と2の目を表目で編みます。 | 右上2目交差が編めました。

左上2目交差

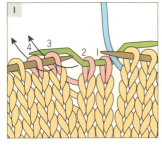 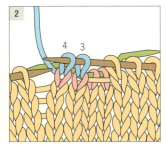 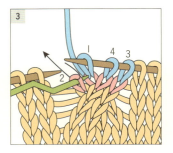 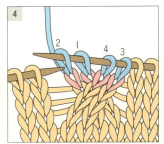

1と2の目になわ編み針を通して向こうに休めます。3と4の目を表目で編みます。 | 表目2目が編めたところ。 | 休めておいた1と2の目を表目で編みます。 | 左上2目交差が編めました。

右上2目と1目の交差（下側が裏目）

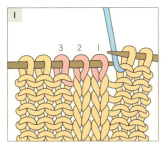 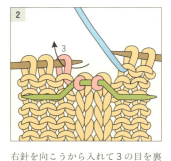 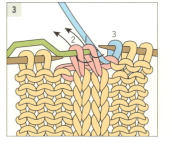 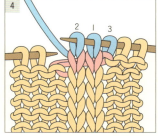

1と2の目になわ編み針を通して手前に休めます。 | 右針を向こうから入れて3の目を裏目で編みます。 | 休めておいた1と2の目を表目で編みます。 | 右上2目と1目の交差（下側が裏目）が編めました。

左上2目と1目の交差（下側が裏目）

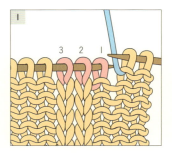 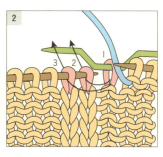 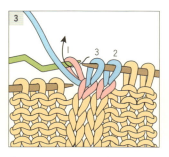 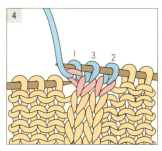

1の目になわ編み針を通して向こうに休めます。 | 2と3の目を表目で編みます。 | 休めておいた1の目を裏目で編みます。 | 左上2目と1目の交差（下側が裏目）が編めました。

⅄ 右上3目一度

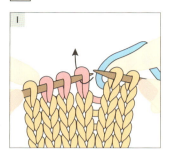 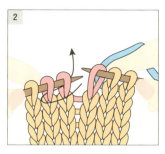 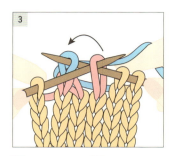 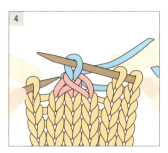

1	2	3	4
右針を手前にから入れ、編まずに移します。	右針を矢印のように2目一度に入れ、表目を編みます（左上2目一度）。	2 で編んだ目に、1 で移した目をかぶせます。	右の目が上になり、2目減りました。

⅄ 左上3目一度

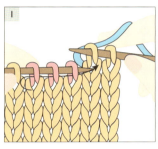 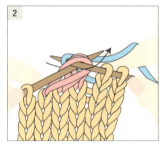 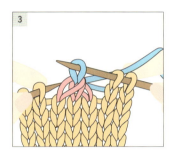

1	2	3
右針を3目の左側から、矢印のように一度に入れます。	糸をかけて表目を編みます。	左の目が上になり、2目減りました。

⅄ 中上3目一度

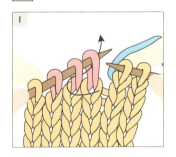 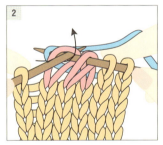 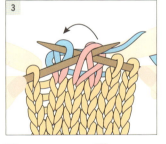 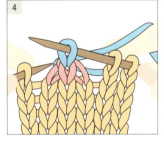

1	2	3	4
右針を矢印のように入れ、左針の2目を右針に移します。	次の目を表目で編みます。	2 で編んだ表目に、1 で移した2目を矢印のようにかぶせます。	中央の目が上になり、左右の目が1目ずつ減りました。

編み込み模様の糸の替え方 裏側で編まない糸が横に渡ります。地糸が上、配色糸が下といつも一定にします。裏を見て編む段も同様に糸を渡します。

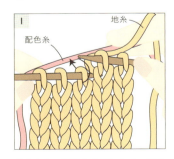 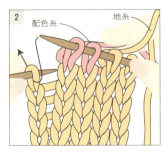

1	2
地糸を上に配色糸を下にして、配色糸で編みます。	地糸を上に配色糸を下にして、地糸で編みます。

5目3段の玉編み

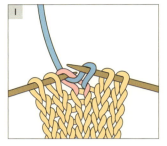

1目から5目編み出します。まず表目を編みます。

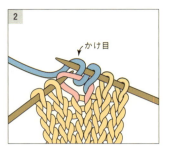

次にかけ目をします。

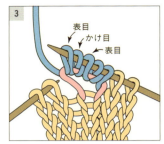

表目とかけ目を繰り返して5目編み出します。

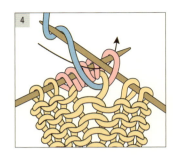

持ち替えて裏から2段めを編みます。5目を裏目で編みます。

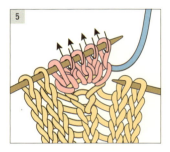

持ち替えて3段めを編みます。4目に手前から右針を入れ、編まずに1目ずつ右針に移します。

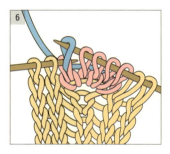

5目めに右針を入れて表目を編みます。

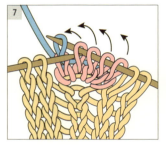

6 で編んだ目に、5 で移した4目を左針で1目ずつかぶせていきます。

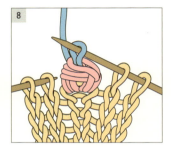

5目3段の玉編みが編めました。

編み残しの引き返し編み（左側）

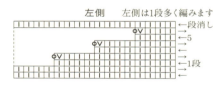
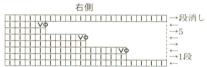

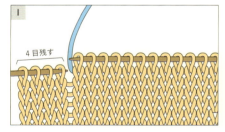

端の4目を編み残します。

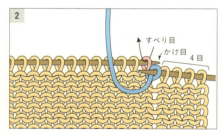

持ち替えてかけ目、すべり目をします。次の目から裏目を編みます。

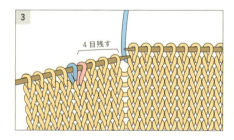

2回めも同様に4目編み残します。左針にかかっている目は9目です（編み残した8目とかけ目1目）。

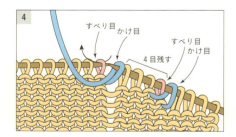

持ち替えて 2 と同様にかけ目、すべり目をします。次の目から裏目を編みます。3、4 をあと1回繰り返します。

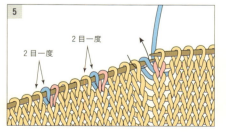

持ち替えて段消しをします。かけ目をしたところは、矢印のように右針を入れ、次の目と2目一度に表目を編みます。

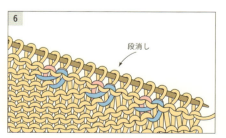

裏から見たできあがりです。編み残しの引き返し編み（左側）が編めました。

編み残しの引き返し編み（右側）

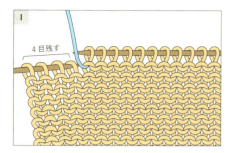

1 裏から編む段で、端の4目を編み残します。

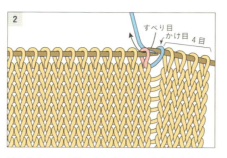

2 持ち替えてかけ目、すべり目をします。次の目から表目を編みます。

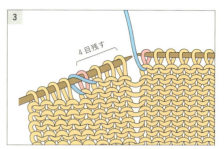

3 2回めも同様に4目編み残します。左針にかかっている目は9目です（編み残した8目とかけ目1目）。

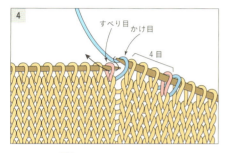

4 持ち替えて **2** と同様にかけ目、すべり目をします。次の目から表目を編みます。**3**、**4** をあと1回繰り返します。

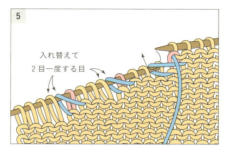

5 持ち替えて裏から編む段で段消しをします。かけ目をしたところは、左隣の目と入れ替えて（下図参照）、2目一度に裏目を編みます。

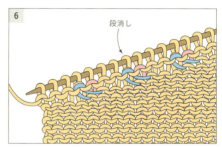

6 裏から見たできあがりです。編み残しの引き返し編み（右側）が編めました。

目を入れ替えて2目一度で編む

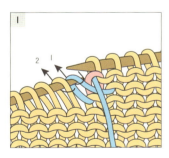

1 1、2の順に2目を右針に移します。

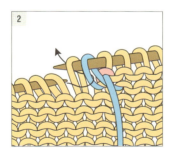

2 右針に移した2目に、左針を矢印のように入れて移します。

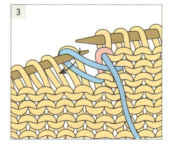

3 2目に右針を向こうから入れます。

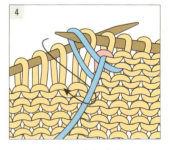

4 糸をかけて裏目を編みます。

すくいとじ［メリヤス編み］

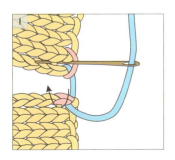

1 目と目の間の渡り糸に矢印のようにとじ針を入れます。

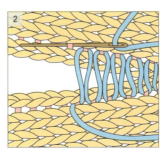

2 1段ずつ交互にすくっていきます。

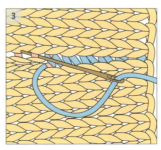

3 1針ごとに引き締めます。

［裏メリヤス編み］

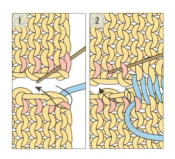

矢印のように1目内側の渡り糸を1段ずつ交互にすくっていきます。

引き抜きはぎ
※伏せ止めした編み地同士の場合は、最終段の目にかぎ針を入れて同様に引き抜きはぎします。

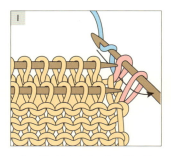 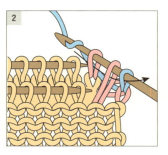 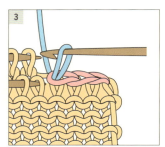

2枚の編み地を中表にして端の目に手前からかぎ針を入れ、糸をかけて引き抜きます。

次の目に手前から入れ、引き抜いた目と次の2目を一度に引き抜きます。

2を繰り返します。

かぶせはぎ

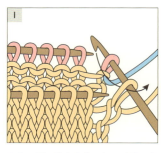 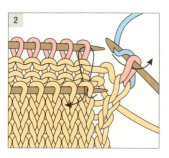 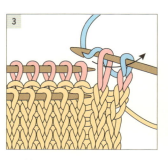 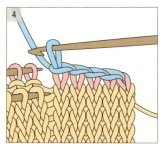

2枚の編み地を中表にして手前からかぎ針を入れ、向こうの端の目を手前の端の目に引き抜きます。

糸をかけて引き抜いた目にさらに引き抜きます。次の目も1と同様に矢印のように引き抜きます。

引き抜き編みした目と引き抜いた目を一度に引き抜きます。

2、3を繰り返します。

目と段のはぎ
※編み地は段数のほうが目数より多いため、その差を振り分けて調整します。

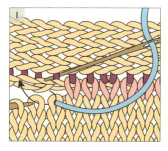 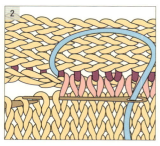 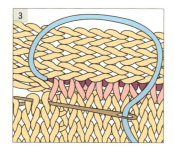

向こうからは段を1段すくい、手前からは2目にとじ針を入れます。

繰り返して目と段を交互にすくいます。

1目に対し1段または2段すくって調整します。はいだ糸は、1目ごとに引いて見えないようにします。

メリヤスはぎ

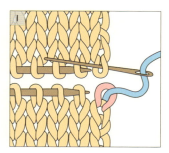 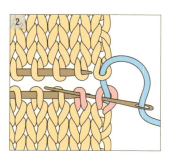 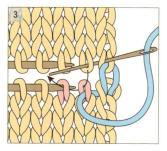 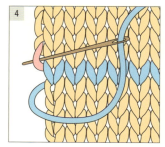

下の編み地の端の目から糸を出し、上の編み地の端の目に向こうから針を入れます。

下の編み地の端の目は手前から、2目めは向こうから針を入れます。

上の編み地の端の目は手前から、2目めは向こうから針を入れます。

2と3を繰り返し、最後は上の編み地の目に手前から針を入れます。糸は編み目の大きさに合わせて引きます。

引き抜き編み（かぎ針）

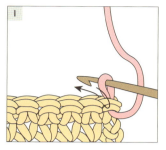
編み目にかぎ針を入れます。

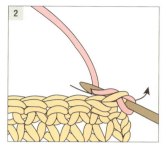
糸をかけて引き抜きます。

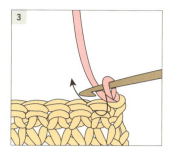
次の目にかぎ針を入れて同様に繰り返します。

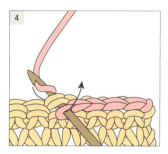
編み地がつれないように引き抜きます。

2目ゴム編み止め（左右表目3目）　※左右表目2目の場合は、2〜7 と 9〜11

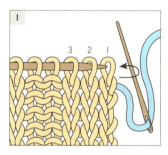
端の目を向こうへ折り返して2に重ねます。

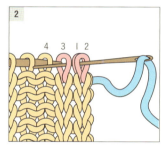
2と1の手前から入れ、3の向こうから入れて出します。

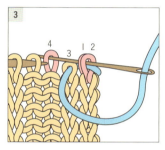
もう一度、2と1の手前から入れ、4の向こうへ出します。

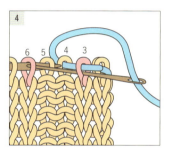
3の手前から入れ、2目とばして6の向こうから入れて出します。

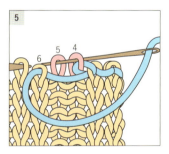
4の向こうから入れ、5の手前から入れて出します。

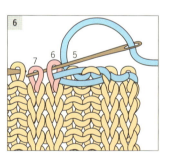
6の手前から入れ、7の向こうから入れて出します。

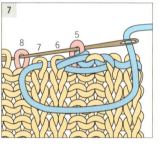
5の向こうから入れ、2目とばして8の手前から入れて出します。
4〜7 を繰り返します。

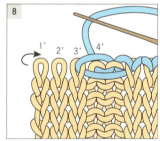
左端は最初と同じように、左端の1'の目を向こうへ折り返します。

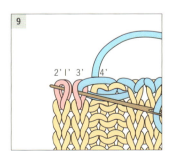
3'の手前から入れ、1'と2'の向こうから入れて出します。

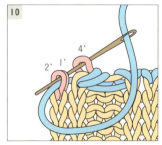
4'の向こうから入れ、1'と2'の向こうから入れて出します。

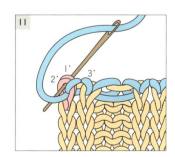
1'と2'の向こうから入れて手前に出し、編み地の裏側にくぐらせて糸始末をします。

2目ゴム編み止め（輪編み）

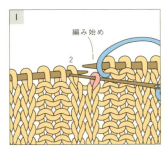

1の表目（編み始め）に向こうから針を入れます。

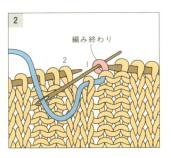

編み終わりの裏目に手前から針を入れます。

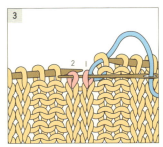

1、2の表目に図のように針を入れて出します。

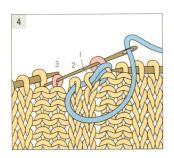

編み終わりの目に向こうから針を入れ、1、2の目をとばして3の裏目に手前から針を入れます。

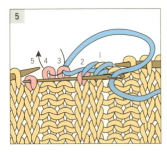

2の手前から入れ、5の表目に向こうから入れます。次に3の向こうから入れ、4の手前から入れて出します。

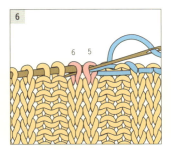

5の手前から入れ、6の向こうから入れて出します。

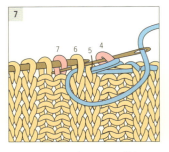

4の目に戻って向こうから針を入れ、5と6の2目をとばして7の手前から入れて出します。5〜7を繰り返します。

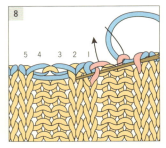

1周したら、編み終わりの表目と編み始めの表目に針を入れ、最後は裏目2目に矢印のように針を入れて、糸を引きます。

ポンポンの作り方

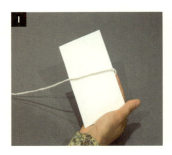

ポンポンの直径に1cm加えた幅の厚紙に糸を指定回数巻きます。

約50cmの糸を巻いた糸の中央から通します。次に8の字を作るように右の糸を矢印のようにくぐらせます。

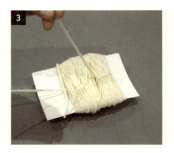

糸を引き、しっかり結びます。

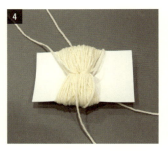

厚紙を裏返し、裏側も2、3と同様に結びます。

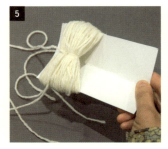

厚紙からはずします。

裏側で結んだ糸を表側にまわして、中央でしっかり結びます。反対側も同様に結びます。

両端の輪を切ります。結んだ糸端は切らずに残しておきます。

球状になるように形よく切りそろえます。

この本で使用している毛糸について

[毛糸の種類]

宮沢りえ｜羽衣
ハマナカ／リッチモア カシミヤ／黒（115）
カシミヤ100％／合太／20g玉巻（約92m）

星野源｜Gen
横田株式会社／DARUMA ウールモヘヤ／グレー（6）
モヘヤ（キッドモヘヤ36％・スーパーキッドモヘヤ20％）・
ウール（メリノウール）44％／極太／20g玉巻（約46m）

ミロコマチコ｜カオジロガン
横田株式会社／DARUMA メリノスタイル 極太／黒（310）
ウール（メリノウール）100％／極太／40g玉巻（約65m）

横田株式会社／DARUMA フェイクファー／グレー（1）
アクリル95％・ポリエステル5％／超極太／約15m

ミロコマチコ｜カオジロガン（アルビノ）
横田株式会社／DARUMA メリノスタイル極太／白（301）
ウール（メリノウール）100％／極太／40g玉巻（約65m）

横田株式会社／DARUMA ミンクタッチファー／白（1）
アクリル系（モダアクリル）60％・アクリル35％・ポリエステル5％／
超極太／約15m

小林薫｜soil
ジェイミソンズ／シェットランド スピンドリフト／
242 Ruby（赤茶）970 Espresso（こげ茶）103 Sholmit（グレー）
238 Osprey（薄茶）236 Rosewood（深緑）1340 Cosmos（黒）
135 Surf（ブルー）688 Mermaid（ターコイズ）
350 Lemon（クリームイエロー）104 Natural White（生成り）
127 Pebble（ライトグレー）
100％シェットランドウール／中細／25g玉巻（約105m）

桐島かれん｜knot（a lot）knot（a bit）
Miknits／アラン／生成り
ブルーフェイス16％・チェビオット8％・スペインウール56％・
ニュージーランドウール20％／極太／1gあたり160cm

谷川俊太郎｜nap
ハマナカ／リッチモア カシミヤ／チャコール（104）
カシミヤ100％／合太／20g玉巻（約92m）

平松洋子｜cloudy
きぬがさマテリアルズ／オステルヨートランド 羊毛紡績ヴィシュ／
ホワイトグレー（2）
ウール100％／合太／100g玉巻（約300m）

片桐仁｜テクニカラー
横田株式会社／DARUMA ダルシャン並太／
黒（20）オレンジ（6）紫（42）えんじ（37）赤（18）黄（5）
レモン（2）白（1）緑（16）薄緑（8）グレー（52）
アクリル100％／並太／45g玉巻（約85m）

二階堂和美｜道草
横田株式会社／DARUMA メリノスタイル 並太／生成り（1）
ウール（メリノウール）100％／並太／40g玉巻（約88m）

石川直樹｜K2
ジェイミソンズ／シェットランド スピンドリフト／
727 Admiral Navy（紺）757 Splash（ブルー）400 Mimosa（黄色）
122 Granite（グレー）792 Emerald（エメラルド）600 Violet（紫）
470 Pumpkin（オレンジ）
100％シェットランドウール／中細／25g玉巻（約105m）

平武朗｜Ken/Midge
・Ken
Miknits／アラン／紺
ブルーフェイス16％・チェビオット8％・スペインウール56％・
ニュージーランドウール20％／極太／1gあたり160cm
・Midge
ジェイミソンズ／シェットランド スピンドリフト／710 Gentian（紺）
100％シェットランドウール／中細／25g玉巻（約105m）

塩川いづみ｜bonbon
ハマナカ／リッチモア スペクトルモデム／ベージュ（2）
毛100％／極太／40g玉巻（約80m）

ハマナカ／リッチモア エクセレントモヘア〈カウント10〉／紺（91）
毛76％・ナイロン24％／極細／20g玉巻（約200m）

[毛糸に関する情報はこちらからどうぞ]

ハマナカ
http://www.hamanaka.co.jp

横田株式会社・DARUMA
http://www.daruma-ito.co.jp

ジェイミソンズ
http://www.jamiesonsofshetland.co.uk/

きぬがさマテリアルズ
http://www.k2.dion.ne.jp/~kinumate/

Miknits アラン糸
http://www.1101.com/store/ureshii_sweater/index.html

※掲載のURLは2016年9月10日の情報を元にしています。
　毛糸の販売店の事情などにより、
　左記URLでは情報が得られなくなることもございますので
　あらかじめご了承ください。

おわりに

一人の人に向けて作る、というのはごく普通のことであって、
実はいちばん心と頭を使うことだと思います。

着ていることを忘れるようなセーターが、気持ちが落ち着いていいのか。
あるいは着ることで周りとの科学変化が起こるような、
仕掛けのある服がその人を元気にするのか。

編みながら、なるべく着心地がいいように、と願います。
このセーターを着た人が生き生きと人と関わり、
集中して仕事ができるように、とも。
セーターを作る時間は、そのままその人のことを考える時間になります。

わたしは服飾の学校で学んだ経験はないのですが、
それでも、セーターは作れます。
着る物を作るって、特別な知識がいるように思いがちですが、
やってみれば案外、料理と同じくらい当たり前にできることです。
必要なのはイマジネーションと常識。
あとは失敗を恐れない野蛮な勇気も、少し。

人と関わって、何かを生み出すということの中に
しあわせがあるんだな、とこの頃思います。
たとえば家族のためにご飯を作ること、
仲間と仕事をすること、そしてセーターを編むことの、瞬間瞬間の動きの中に。
ただ寝っ転がっていてしあわせになれるのはきっと仙人くらいで、
普通の人間は何か一生懸命やってこそ楽しくなれる、
そういうふうにできているんじゃないでしょうか。

手と心を動かす、たくさん動かす、それこそがうれしいことです。
12人のセーター主の皆さん、編ませてくださってありがとうございました。

Index

羽衣	p.9
soil	p.45
Gen	p.21
knot (a bit) / knot (a lot)	p.59
カオジロガン / カオジロガン（アルビノ）	p.33
nap	p.75

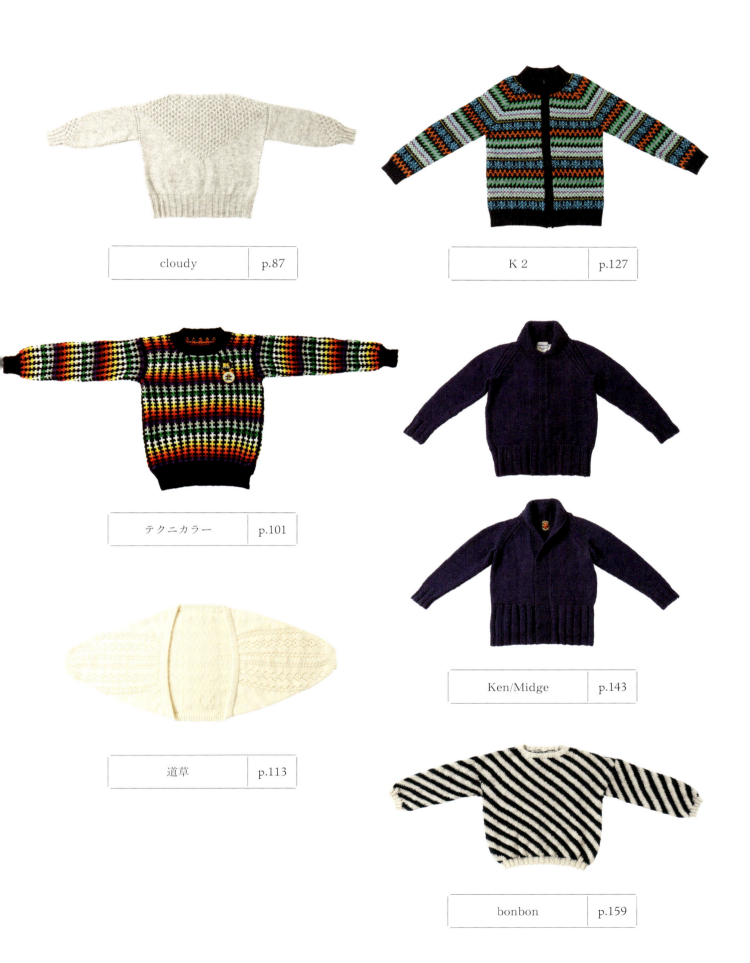

三國万里子　Mikuni Mariko

ニットデザイナー。1971年、新潟生まれ。3歳の時、祖母から教わったのが編みものとの出会い。早稲田大学第一文学部仏文専修に通う頃には、洋書を紐解きニットに関する技術とデザインの研究を深め、創作に没頭。大学卒業後、いくつかの職業を経た後にニットデザイナーを本職とする。2009年、『編みものこもの』（文化出版局）を出版。以降、書籍や雑誌等で作品発表を続ける。2011年、糸井重里が主催するウェブサイト「ほぼ日刊イトイ新聞」で編みものキットやプロダクトデザインを手がけ、活動の幅をさらに広げる。2012年より「気仙沼ニッティング」のデザイナーを務める。著書に『編みものワードローブ』『きょうの編みもの』『冬の日の編みもの』『編みものともだち』『アラン、ロンドン、フェアアイル 編みもの修学旅行』（すべて文化出版局）がある。

■三國万里子さんの編みものキットの店　Miknits
http://www.1101.com/store/miknits/

■本書関連webコンテンツ
三國万里子さんの「うれしいセーター」
http://www.1101.com/ureshii_sweater/index.html

■この本に関する最新のお知らせ
http://www.1101.com/ureshii_sweater/info/01.html

※webページは予告なく公開が終了することがあります。ご了承ください。

うれしいセーター

2016年12月1日　初版発行
2017年1月10日　第二刷発行

著者　三國万里子
撮影　久家靖秀
　　　石川直樹（P128-133）
　　　沖田 悟（P16, P28, P40, P52, P66, P82, P94, P108, P120, P134, P150, P166, P188-189）
ブックデザイン　大島依提亜
編み図製作　小林奈緒子
編み図校正　向井雅子
編集　山下哲・山川路子・茂木直子
協力　斉藤里香・太田有香・岡田航・青井奈都美・卯尾萌香・森志帆・後藤梨沙・小池花恵
印刷・製本　凸版印刷株式会社
発行人　糸井重里
発行所　株式会社 ほぼ日
　　　　〒107-0061 東京都港区北青山2-9-5 スタジアムプレイス青山9階
　　　　ほぼ日刊イトイ新聞
　　　　http://www.1101.com/

© HOBO NIKKAN ITOI SHINBUN　Printed in Japan

法律で定められた権利者の許諾を得ることなく、本書の一部あるいは全部を無断で複写複製することは、著作権法上の例外を除き、禁じられています。
本書に掲載されている作品の全部または一部を商品化、及びコンクールなどの応募作品として出品することは禁じられています。
万一、乱丁落丁のある場合は、お取り替えいたしますので小社宛bookstore@1101.comまでご連絡ください。
なお、本に関するご意見ご感想はpostman@1101.comまでお寄せください。

日本音楽著作権協会 (出) 許諾第1612644-601号